省级精品课程配套教材

21世纪高职高专精品教材

财务会计类

Caiwu Kuaiji Shixun

财务会计实训

第三版

唐丽华 主 编

刘海燕 王立新 王祥明 副主编

东北财经大学出版社

Dongbei University of Finance & Economics Press

大连

图书在版编目（CIP）数据

财务会计实训／唐丽华主编．—3 版．—大连：东北财经大学出版社，2018.2

（21 世纪高职高专精品教材·财务会计类）

ISBN 978-7-5654-3083-1

Ⅰ．财⋯　Ⅱ．唐⋯　Ⅲ．财务会计-高等职业教育-教材
Ⅳ．F234.4

中国版本图书馆 CIP 数据核字（2018）第 029718 号

东北财经大学出版社出版

（大连市黑石礁尖山街 217 号　邮政编码　116025）

网　　址：http：//www.dufep.cn

读者信箱：dufep @ dufe.edu.cn

大连天骄彩色印刷有限公司印刷　　东北财经大学出版社发行

幅面尺寸：185mm×260mm　字数：309 千字　印张：13.5　插页：1
2018 年 2 月第 3 版　　　　　　　　　2018 年 2 月第 5 次印刷

责任编辑：张旭凤　　　　　　　　　责任校对：贺　欣
封面设计：冀贵收　　　　　　　　　版式设计：钟福建

定价：30.00 元

第三版前言

本教材系与唐丽华主编的省级精品课程教材《财务会计》配套的会计实践教学教材。本教材依据我国最新《企业会计准则》的具体内容和税收法规的最新变化进行修订，以培养高等技术应用型专门人才为根本任务，以适应社会发展需要为目标。本着理论联系实际，以学生为主体，提高学生动手操作能力的教学理念，本教材以一家制造企业的经济业务为基础，针对该企业的经营运作流程设计出循序渐进的财务会计岗位实训项目。教材中的实训项目层层深入、科学合理，既有单项实验，又有综合实验，使学生能够在上岗前进行社会经济活动中覆盖面最广的工业企业经济活动的核算练习。教材中的实训内容既便于学生操作，又便于教师根据学生情况进行指导。

本教材的编写特点如下：

1. 为适应高职高专会计专业教学需要，本教材均以财政部公布的最新《企业会计准则》及《会计基础工作规范》为依据。

2. 与《财务会计》主教材紧密相扣，可起到同步学习、即时巩固的作用。

3. 内容涵盖了工业企业的基本业务，有利于学生提高职业技能。

4. 教材各部分统一以特定企业的经济业务展开。学生逐项完成实训作业，按所列示的题号进行记账凭证编号，并按经济业务发生的先后顺序排列、整理后，可对该企业一个月的经济业务形成完整的认识。

5. 通过练习建账、登账、编制会计报表等一系列实训操作活动后，可对工业企业的会计实务有一个比较清晰的系统认识。

本书由唐丽华（哈尔滨金融学院）担任主编，刘海燕（哈尔滨金融学院）、王立新（攀枝花学院）、王祥明（大庆建筑安装集团）担任副主编，唐岳棣（河北建材职业技术学院）、张旭哲（海通证券股份有限公司黑龙江分公司）参编。

本教材的编写分工如下：第一部分由唐丽华、王立新编写；第二部分由刘海燕、王祥明编写；第三部分由唐岳棣、张旭哲编写。唐丽华负责全书的整体结构设计并统稿。

由于时间仓促，水平有限，书中难免有错漏及不足之处，敬请读者批评指正。

编　者

2018 年 1 月

目　录

第一部分

操作基础知识

会计的目的是为信息使用者提供对决策有用的会计信息，而会计信息的产生是有序的。在会计程序中，由会计人员根据复式记账原理，采用借贷记账法对所发生的经济业务进行分类记录、计算整理、汇总列表，最终将分散零乱、错综复杂的经济业务情况加工成系统化的会计信息，将无序、无关的业务数字，整理成相关、有用的会计数据。会计信息数据的加工过程，自确认业务发生开始，至形成会计报表为止，依次发生，周而复始。通常将这个连续不断、循环往复的会计处理过程称为会计循环。基本会计循环如图1-1所示。

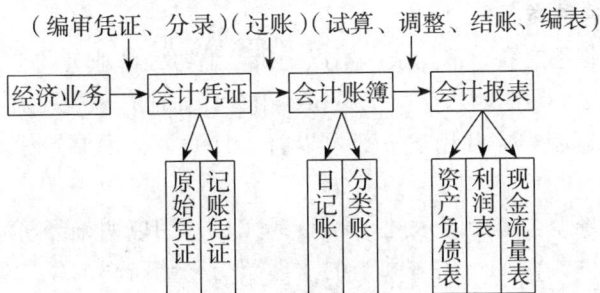

图1-1　基本会计循环

（1）编审凭证。经济业务发生后，会计首先要取得或填制原始凭证，并对其合法性、合规性等进行审核。

（2）分录。针对每笔经济业务，列示其应借记和应贷记的账户名称及金额，并填入记账凭证。

（3）过账。根据记账凭证所确定的会计分录，在分类账中按账户进行登记。

（4）试算。将分类账中各账户借方余额与贷方余额汇总列表，以验证分录及记账工作的正确性。

（5）调整。根据经济业务的进展情况，定期对各账户记录做修正，以便于各账户能正确反映实际情况。

（6）结账。结账是在会计期间终了时，对账簿记录所做的完结性工作，以结清本期的记录。

（7）编表。会计期间结束时，要根据期内所有经济业务及结果汇总编制资产负债表、利润表和现金流量表等，以反映企业的财务状况、经营成果和现金流转情况。

一、会计凭证概述

如前所述，会计处理过程是一个连续不断、循环往复的过程。这个过程的各个环节相互联系、有机结合，从而形成了一个完整的会计处理方法体系。会计记账（登记账簿）必须以真实的凭证（填制和审核的凭证）为依据，会计通过会计报表提供会计信息，而会计报表的编制依据是账簿记录。这样就形成了会计核算的基本模式："凭证→账簿→报表"，中间的各项工作周而复始、连续不断。在"凭证→账簿→报表"的会计循环过程中，填制和审核会计凭证是会计核算的初始工作和基本环节。

（一）会计凭证的意义

在会计工作中，账簿记录必须以真实的会计凭证为依据。会计凭证是记录经济业务的发生和完成情况，明确责任，作为记账依据的书面证明。

填制和取得凭证是会计工作的起点和基础。任何会计主体在经济业务发生时，都要填制或取得一定的会计凭证，详细记录各项经济业务的内容，并由有关的经办人员在会计凭证上签名或盖章，以明确经济责任。只有经过有关人员审核且无误的会计凭证，才可以作为记账的依据。因此，填制和审核会计凭证，对于如实反映经济业务的内容，保证账簿记录的真实性和可靠性，有效监督和控制经济业务的合法性和合理性，为会计信息的使用者提供真实可靠、相关有用的会计信息，具有重要的意义。

（二）会计凭证的种类

企业发生的经济业务内容非常复杂，用以记录、监督经济业务的会计凭证，也必然是五花八门、种类繁多。为了具体地认识、掌握和运用会计凭证，首先要对会计凭证加以分类。

按照会计凭证的填制程序和用途一般可以将会计凭证分为原始凭证和记账凭证两类。

1. 原始凭证

原始凭证是记录经济业务已经发生、执行或完成，用以明确经济责任，作为记账依据的最初的书面证明文件。例如，出差乘坐的车船票、采购材料的发货票、到仓库领料的领料单等，都是原始凭证。原始凭证是在经济业务发生的过程中直接产生的，是经济业务发生的最初证明，在法律上具有证明效力，所以也可叫作"证明凭证"。原始凭证按其取得的来源不同，可以分为自制原始凭证和外来原始凭证两类。

1）自制原始凭证

自制原始凭证是指在经济业务发生、执行或完成时，由本单位的经办人员自行填制的原始凭证，如收料单、领料单、产品入库单等。自制原始凭证按其填制手续不同，又可分为一次凭证、累计凭证、汇总原始凭证和记账编制凭证四种。

（1）一次凭证。一次凭证是指只反映一项经济业务，或者同时反映若干项同一性质的经济业务，其填制手续是一次完成的会计凭证。例如，企业购进材料验收入库，由仓库保管员填制的收料单，车间或班组向仓库领用材料时填制的领料单，报销人员填制的、出纳人员据以付款的报销凭单等，都是一次凭证。领料单见表1-1。

表1-1   领料单

领料单位：   用途：   年　月　日   第　号

材料编号	品名	规格	单位	数量	单价	金额	备注

领料单位负责人：   领料人：   发料人：   制单：

（2）累计凭证。累计凭证是指在一定期间内，连续多次记载若干不断重复发生的同类经济业务，直到期末，凭证填制手续才算完成，以期末累计数作为记账依据的原始凭证，如工业企业常用的限额领料单等。使用累计凭证，可以简化核算手续，能对材料消耗、成本管理起事先控制作用，是企业进行计划管理的手段之一。限额领料单见表1-2。

表1-2

限额领料单

年 月　　　　　　　　　　　　　　　　　　　　编　号：

领料单位：　　　　用　途：　　　　计划产量：
材料编号：　　　　名称规格：　　　　计量单位：
单　价：　　　　消耗定量：　　　　领用限额：

年		请　领		实　发				
月	日	数量	领料单位负责人	数量	累计	发料人	领料人	限额结余

累计实发金额（大写）：
供应部门负责人：　　　　生产计划部门负责人：　　　　仓库负责人：

（3）汇总原始凭证。汇总原始凭证是指在会计核算工作中，为简化记账凭证的编制工作，将一定时期内若干份记录同类经济业务的原始凭证按照一定的管理要求汇总编制一张汇总凭证，用以集中反映某项经济业务总括发生情况的会计凭证，例如，"发料凭证汇总表""收料凭证汇总表""现金收入汇总表"等，都是汇总原始凭证，发料凭证汇总表见表1-3。

表1-3

发料凭证汇总表

年 月 日　　　　　　　　　　　　　　　　　　　　单位：

应借科目	应贷科目：原材料					发料合计
	明细科目：主要材料				辅助材料	
	1—10日	1—20日	20—30日	小计		
生产成本						
制造费用						
管理费用						
合计						

汇总原始凭证只能将同类的经济业务汇总填列在一张汇总凭证中。在一张汇总凭证中，不能汇总填列两类或两类以上的经济业务。汇总原始凭证在大中型企业中使用非常广泛，因为它可以简化核算手续，提高核算工作效率，能够使核算资料更为系统化，使核算过程更为条理化，能够直接为管理提供综合指标。

（4）记账编制凭证。记账编制凭证是根据账簿记录和经济业务的需要编制的一种自制原始凭证。记账编制凭证是根据账簿记录，把某一项经济业务加以归类、整理而重新编制的一种会计凭证。例如在计算产品成本时编制的"制造费用分配表"，就是根据制造费用明细账记录的数字按费用的用途填制的。制造费用分配表见表1-4。

表1-4

制造费用分配表

年 月 日

单位：

应借项目	成本项目	生产工时	分配率	分配额
合计				

2）外来原始凭证

外来原始凭证，是指在同外单位发生经济往来关系时，从外单位取得的凭证。外来原始凭证都是一次凭证。例如，企业购买材料、商品时，从供货单位取得的发货票等，就是外来原始凭证。增值税专用发票见表1-5。

表1-5

××增值税专用发票 No

抵扣联

开票日期： 年 月 日

购买方	名　　　称： 纳税人识别号： 地址、电话： 开户行及账号：					密码区		
货物或应税劳务、服务名称	规格型号	单位	数量	单价	金额		税率	税额
合　计								
价税合计（大写）						（小写）		
销售方	名　　　称： 纳税人识别号： 地址、电话： 开户行及账号：					备注		

收款人： 复核： 开票人： 销售方：（章）

第二联：抵扣联 购买方扣税凭证

2. 记账凭证

记账凭证是会计人员根据审核无误的原始凭证或汇总原始凭证填制的，用来确定经济业务应借、应贷的会计科目和金额，作为登记账簿直接依据的会计凭证。在前文中曾指出，在登记账簿之前，应按实际发生经济业务的内容编制会计分录，然后据以登记账簿，在实际工作中，会计分录是通过填制记账凭证来完成的。

由于原始凭证来自不同的单位，种类繁多，数量庞大，格式不一，不能清楚地表明应记入的会计科目的名称和方向。为了便于登记账簿，需要根据原始凭证反映的不同经济业务，加以归类和整理，填制具有统一格式的记账凭证，确定会计分录，并将相关的原始凭证附在后面。这样不仅可以简化记账工作、减少差错，而且有利于原始凭证的保管，便于对账和查账，提高会计工作质量。

1）记账凭证按其适用的经济业务，分为专用记账凭证和通用记账凭证两类

（1）专用记账凭证，是用来专门记录某一类经济业务的记账凭证。专用凭证按其所记录的经济业务是否与库存现金和银行存款的收付业务有关，又分为收款凭证、付款凭证和转账凭证三种。

收款凭证是用来记录库存现金和银行存款等货币资金收款业务的凭证，它是根据库存现金和银行存款收款业务的原始凭证填制的。收款凭证格式见表1-6。

表1-6

收 款 凭 证　　　　总字第　　　号

借方科目：　　　　　　　　　年　月　日　　　　　　　　字第　　　号

摘　要	贷方科目		金　额										记账
	总账科目	明细科目	千	百	十	万	千	百	十	元	角	分	
													附单据　张
合　　　计													

会计主管：　　　记账：　　　审核：　　　出纳：　　　制单：

付款凭证是用来记录库存现金和银行存款等货币资金付款业务的凭证，它是根据库存现金和银行存款付款业务的原始凭证填制的。付款凭证格式见表1-7。

表1-7

付 款 凭 证　　　　总字第　　　号

贷方科目：　　　　　　　　　年　月　日　　　　　　　　字第　　　号

摘　要	借方科目		金　额										记账
	总账科目	明细科目	千	百	十	万	千	百	十	元	角	分	
													附单据　张
合　　　计													

会计主管：　　　记账：　　　审核：　　　出纳：　　　制单：

收款凭证和付款凭证是用来记录货币收付业务的凭证，既是登记库存现金日记账、银行存款日记账、明细分类账及总分类账等账簿的依据，也是出纳人员收付款项的依据。出纳人员不能依据库存现金、银行存款收付业务的原始凭证收付款项，必须根据会计主管人员或指定人员审核批准的收款凭证和付款凭证收付款项，以加强对货币资金的管理，有效地监督货币资金的使用。

转账凭证是用来记录与库存现金、银行存款等货币资金收付款业务无关的转账业务（在经济业务发生时不需要收付库存现金和银行存款的各项业务）的凭证，它是根据有关转账业务的原始凭证填制的。转账凭证格式见表1-8。

表1-8

转 账 凭 证

总字第　　　号

年　　月　　日　　　　　　　　　　　字第　　　号

摘　要	总账科目	明细科目	借方金额										贷方金额										记账
			千	百	十	万	千	百	十	元	角	分	千	百	十	万	千	百	十	元	角	分	
合　计																							

附单据　　张

会计主管：　　　　记账：　　　　审核：　　　　　　　　制单：

转账凭证是登记总分类账及有关明细分类账的依据。

（2）通用记账凭证。通用记账凭证的格式，不再分为收款凭证、付款凭证和转账凭证，而是以一种格式记录全部经济业务。通用记账凭证格式见表1-9。

表1-9

通 用 记 账 凭 证

总字第　　　号

年　　月　　日　　　　　　　　　　　字第　　　号

摘　要	总账科目	明细科目	借方金额										贷方金额										记账
			千	百	十	万	千	百	十	元	角	分	千	百	十	万	千	百	十	元	角	分	
合　计																							

附单据　　张

会计主管：　　　　记账：　　　　审核：　　　　出纳：　　　　制单：

在经济业务比较简单的单位，为了简化凭证可以使用通用记账凭证，记录所发生的各种经济业务。

2）记账凭证按其包括的会计科目是否单一，分为复式记账凭证和单式记账凭证两类

（1）复式记账凭证。复式记账凭证又叫作多科目记账凭证，要求将某项经济业务所涉及的全部会计科目集中填列在一张记账凭证上。复式记账凭证可以集中反映账户的对应关系，因而便于了解经济业务的全貌，了解资金的来龙去脉，便于查账，同时可以减少填制记账凭证的工作量，减少记账凭证的数量，但是不便于汇总计算每一会计科目的发生额，也不便于分工记账。上述收款凭证、付款凭证和转账凭证的格式都是复式记账凭证的格式。

（2）单式记账凭证。单式记账凭证又叫作单科目记账凭证，要求对某项经济业务所涉及的每个会计科目，分别填制记账凭证，每张记账凭证只填列一个会计科目，其对方科目只供参考，不据以记账。也就是把某一项经济业务的会计分录，按其所涉及的会计科目，分散填制两张或两张以上的记账凭证。借项记账凭证格式见表1-10。

表1-10

借 项 记 账 凭 证

年 月 日　　　　　　　　　　凭证编号：

摘要	一级科目	明细科目	账页	金额	
					附单据　　张
对应一级科目：					

会计主管：　　　　记账：　　　　审核：　　　　出纳：　　　　制单：

单式记账凭证便于汇总计算每一个会计科目的发生额，便于分工记账。但是填制记账凭证的工作量增大，而且出现差错不易查找。

3）记账凭证按其是否经过汇总，可以分为汇总记账凭证和非汇总记账凭证

（1）汇总记账凭证。汇总记账凭证是根据非汇总记账凭证，按一定的方法汇总填制的记账凭证。汇总记账凭证按汇总方法不同，可分为分类汇总凭证和全部汇总凭证两种。

①分类汇总凭证。分类汇总凭证是根据一定期间的记账凭证，按其种类分别汇总填制的，例如，根据收款凭证汇总填制的"库存现金汇总收款凭证"和"银行存款汇总收款凭证"；根据转账凭证汇总填制的"汇总转账凭证"等，都是分类汇总凭证。

②全部汇总凭证。全部汇总凭证是根据一定期间的记账凭证，全部汇总填制的，如"科目汇总表"就是全部汇总凭证。

（2）非汇总记账凭证。非汇总记账凭证，是没有经过汇总的记账凭证，前面介绍的收款凭证、付款凭证和转账凭证以及通用记账凭证都是非汇总记账凭证。

3. 原始凭证与记账凭证的关系

原始凭证与记账凭证之间存在着密切的联系。原始凭证是记账凭证的基础，记账凭证是根据原始凭证编制的。在实际工作中，原始凭证附在记账凭证后面，作为记账凭证的附件，记账凭证是对原始凭证内容的概括和说明，原始凭证有时是登记明细账户的依据。

二、会计凭证的填制要求、审核及错误凭证更正

（一）原始凭证的填制要求

1. 要正确选用原始凭证

经办人员在填制原始凭证时，要对经济业务的内容进行审核，审核无误后才能动手填制原始凭证，应根据经济业务的性质填制相应种类的凭证。如销售货物，要对外开具发票；领材料要填制领料单。

2. 填制项目要齐全，手续要合法

（1）原始凭证必须具备的内容：凭证的名称；填制凭证的日期；填制凭证单位名称或填制人姓名；经办人员的签名或盖章；接受凭证单位名称；经济业务内容、数量、单价和金额。对于单位自制凭证上所列的辅助内容（如限额数字、计划数字等）也必须填制。

（2）从外单位取得的原始凭证，必须盖有填制单位的公章；从个人取得的原始凭证，必须有经办单位负责人或其他指定人员的签名或盖章。对外开出的原始凭证，必须加盖本单位公章。

（3）凡填有大写和小写金额的原始凭证，大写和小写金额必须相符。购买实物的原始凭证，必须有验收证明。支付款项的原始凭证，必须有收款单位和收款人的收款证明。

（4）一式几联的原始凭证，应当注明各联的用途，只能以一联作为报销凭证。一式几联的发票和收据，必须用双面复写纸套写，并连续编号。作废时应加盖"作废"戳记，连同存根（税控发票一般没有存根联）一起保存，不得撕毁。

（5）发生销货退回时，除填制退货发票外，退款时，必须取得对方的收款收据或汇款银行的凭证，不得以退货发票代替收据。

（6）职工出差借款收据，必须附在记账凭证上，收回借款时，应另开收据或退还借据副本，不得退还原借款收据。

（7）经过上级批准的经济业务，应将批准文件作为原始凭证附件，如果批准文件需要单独归档，应在凭证上注明批准机关名称、日期和文件字号。

3. 书写要符合规定

会计数字字迹要清晰，位置要适当，字体要标准。书写金额的汉字应使用零、壹、贰、叁、肆、伍、陆、柒、捌、玖、拾、佰、仟、万、亿等大写数字，不应使用另（或令）、一、二、三、四、五、六、七、八、九、十、百、千、廿、卅等字，更不能用谐音字替代。

（二）记账凭证的填制要求

对于发生的每笔经济业务，都应根据审核无误的原始凭证正确填制记账凭证。填制记账凭证的要求主要有：

1. 准确填制日期

填制日期可能与后附原始凭证日期一致，也可能晚于原始凭证日期，但一定不能早于

原始凭证日期。

2. 顺序编号

每个月的业务都从 1 号顺序往下排。同一笔业务，需要填制两张以上记账凭证的，以"分数编号法"填列。

3. 填好摘要

记账凭证的"摘要栏"是对经济业务的简要说明，又是登记账簿的重要依据，必须针对不同性质的经济业务的特点，考虑到登记账簿的需要。正确填写，不可漏填或错填。"摘要"应该把经济业务的要点摘出来，简明扼要，但至少是一句话，有时主语可以省略，如"收到凌光公司汇来预付货款"；有时不能省略，如"曹军因公出差广州报销差旅费"。

4. 正确使用会计科目

每笔业务都应按规定填制正确的会计科目，包括总账科目和明细科目。

5. 规范地填好金额

（1）金额应和所附原始凭证一致。

（2）没有角和分的数字要补"00"。

（3）最下一行合计数前要加"¥"符号。

（4）"金额"栏登记的金额应和"借方科目"或"贷方科目"相对应或与"一级科目"、"二级科目"或"明细科目"分别对应。

（5）划去空行。记账凭证中无数字的空白行次应用"/"划销，从贷方最后数字的下一行划至借方合计数的上一行。

（6）注清附件张数。收付款业务的附件一般按自然张数计算，即有一张算一张；对附有火车票等差旅费报销单的附件，只填报销单的张数。当一张或几张原始凭证为几张记账凭证所共用，可将原始凭证附在一张主要的记账凭证后面，摘要栏内注明"本凭证附件包括第×号记账凭证业务"，在其他记账凭证附件栏内注明"见第×号记账凭证"，以便查阅。如果一张原始凭证所列支出需要几个单位共同负担的，其他单位负担的部分应开给对方原始凭证分割单，进行结算。结账和更正错误的记账凭证，可以不附原始凭证。

（7）"过账符号"栏，是在根据该记账凭证登记有关账簿后，在该栏划"√"表示已经登记入账，避免重记、漏记，在没有登记账簿之前，该栏没有记录。

（8）最后由填制人及其他相关人员签名或盖章。

（三）会计凭证的审核

1. 原始凭证的审核

（1）对每张原始凭证的真实性、合法性、合理性进行审核。

（2）对于完全符合要求的原始凭证，应及时据以编制记账凭证；对于真实、合法、合理但内容不够完整、填写有错误的原始凭证，应退给有关经办人员，由其负责将有关凭证补充完整、更正错误或重开后，再办理正式会计手续；对于不真实、不合法的原始凭证，会计机构、会计人员有权不予接受，并应向单位负责人报告。

2. 记账凭证的审核

（1）审核记账凭证内容：包括审核记账凭证是否有原始凭证，记账凭证的内容与所附原始凭证的内容是否相符。

（2）审核会计处理方法：包括审核会计科目的应用是否正确，二级或明细科目是否齐全，科目对应关系是否清晰，金额是否正确。

（3）审核其他有关项是否全部填列齐全，有关人员是否签名或盖章。

（四）错误凭证的更正

1. 原始凭证的更正

（1）原始凭证所记载的各项内容均不得涂改，随意涂改后的原始凭证为无效凭证，不能以此来作为填制记账凭证或登记会计账簿的依据。

（2）原始凭证记载内容有错误的，应当由开具单位重开或更正，更正工作必须由原始凭证出具单位进行，并在更正处加盖出具单位印章。

（3）原始凭证金额出现错误的不得更正，只能由原始凭证开具单位重新开具。

2. 记账凭证的更正

（1）填制时（未入账）出现错误应当重新填制。

（2）已登记入账的记账凭证错误更正。

①在当年内发现填写错误时，不是金额错误的，先用红字填写一张与原内容相同的记账凭证，在摘要栏注明"注销某月某日某号凭证"字样，同时再用蓝字重新填制一张正确的记账凭证，注明"订正某月某日某号凭证"字样；如果会计科目没有错误，只是金额错误，也可按正确数字与错误数字之间的差额另编一张调整的记账凭证，调增金额用蓝字、调减金额用红字。

②发现以前年度记账凭证有错误的，应当用蓝字填制一张更正的记账凭证。

三、会计凭证的传递与保管

（一）会计凭证的传递

会计凭证的传递，是指会计凭证从填制到归档保管整个过程中，在单位内部各有关部门和人员之间的传递程序和传递时间。各种会计凭证，它们所记录的经济业务不尽相同，所要据以办理的业务手续和所需的时间也不尽相同。应当为每种会计凭证的传递规定合理的传递程序和在各个环节停留的时间。会计凭证的传递是会计制度的一个重要组成部分，应当在会计制度中做出明确的规定。

正确地组织会计凭证的传递，对于及时地反映与监督经济业务的发生和完成情况，合理地组织经济活动，加强经济管理责任制，具有重要意义。因为正确地组织凭证的传递，能及时地、真实地反映与监督经济业务的发生和完成情况；把有关部门和人员组织起来，分工协作，使正确的经济活动得以顺利地实现；考核经办业务的有关部门和人员是否按照规定的凭证传递程序办事，从而加强经营管理上的责任制。

科学的传递程序，应该使会计凭证沿着最迅速，最合理的流向运行。因此，在制订会计凭证传递程序时，应当注意考虑下列3个问题：

（1）要根据经济业务的特点、企业内部机构的设置和人员分工的情况，以及经营管理上的需要，恰当地规定各种会计凭证的联数和所流经的必要环节。做到既要使各有关部门和人员能利用凭证了解经济业务情况，并按照规定手续进行处理和审核，又要避免凭证传递经过不必要的环节，影响传递速度。

（2）要根据有关部门和人员对经济业务办理必要手续（如计量、检验、审核、登记等）的需要，确定凭证在各个环节停留的时间，保证业务手续的完成，但又要防止不必要的耽搁，从而使会计凭证以最快速度传递，以充分发挥它及时传递经济信息的作用。

（3）建立凭证交接的签收制度。为了确保会计凭证的安全和完整，在各个环节中都应指定专人办理交接手续，做到责任明确，手续完备、严密、简便易行。

（二）会计凭证的保管

会计凭证的保管，是指会计凭证登账后的整理、装订和归档存查。会计凭证是记账的依据，是重要的经济档案和历史资料，所以对会计凭证必须妥善整理和保管，不得丢失或任意销毁。

会计凭证的保管，既要做到会计凭证的安全和完整无缺，又要便于凭证的事后调阅和查找。会计凭证归档保管的主要方法和要求是：

（1）每月记账完毕，要将本月各种记账凭证加以整理，检查有无缺号和附件是否齐全。然后按顺序号排列，装订成册。为了便于事后查阅，应加具封面，封面上应注明单位的名称、所属的年度和月份、起讫的日期、记账凭证的种类、起讫号数、总计册数等，并由有关人员签章。为了防止任意拆装，在装订线上要加贴封签，并由会计主管人员盖章。会计凭证封面的格式见表 1-11。

表 1-11 会计凭证封面

凭证种类	起讫号数	凭证张数	附件张数	备 注

凭 证 封 面

年　　月份

自　　日至　　日

总　号	
第　册	共　　册

主管：　　　　　　会计：　　　　　　装订：

（2）如果在一个月内，凭证数量过多，可分装若干册，在封面上加注共几册字样。如果某些记账凭证所附原始凭证数量过多，也可以单独装订保管，但应在其封面及有关记账凭证上加注说明，对重要原始凭证，如合同、契约、押金收据以及需要随时查阅的收据等在需要单独保管时，应编制目录，并在原记账凭证上注明另行保管，以便查核。

（3）装订成册的会计凭证应集中保管，并指定专人负责。查阅时，要有一定的手续制度。

（4）会计凭证的保管期限和销毁手续，必须严格执行会计制度的规定。任何人无权自行随意销毁。

知识点二　　　　账簿

根据经济业务填制会计凭证后，应根据会计凭证登记账簿，登记账簿是会计工作的第二步，也是对经济业务的原始数据进行加工，使之成为有用的会计信息的重要步骤。会计账簿与会计凭证、会计报表一样，都是会计信息的载体。作为会计核算基本方法之一的账簿登记工作，在会计循环中起到了承前启后的作用。

企业应根据其实际情况以及管理需要，考虑企业的规模大小、经济业务的性质及其频繁程度、会计工作的分工协作以及内部控制等方面的因素，建立起科学严密的账簿体系，以确保全面、系统、及时、完整地提供本企业各方面的会计信息，以满足各方面对会计信息的需求。一般情况下，每一个会计主体都应设置日记账、总分类账和明细分类账以及其他辅助性账簿。

会计人员在登记账簿时必须掌握一定的记账技术和方法，同时应遵循一定的记账规则和要求，期末还应做好对账和结账工作，以保证会计核算工作的质量。

一、账簿的意义和种类

（一）账簿的意义

账簿是以会计凭证为依据，连续、全面、系统地记录和反映经济业务的会计簿籍。账簿是由一定格式且相互联系的账页所组成，是记录会计信息的载体。设置和登记账簿是会计循环中必不可少的步骤，任何企业单位都必须设置会计账簿。

（二）账簿的种类

为了全面、系统、分类地记录和反映经济业务的情况，任何企事业单位都必须依法设置会计账簿。账簿多种多样，不同的账簿，其用途、格式和登记方式各不相同。要正确地使用各种账簿，就有必要了解账簿的种类，这些账簿可以按不同的标准进行分类，常见的分类方法有以下几种：

1. 账簿按用途分类

会计账簿按其用途不同可分为序时账簿、分类账簿和备查账簿。

1) 序时账簿

序时账簿，又称日记账，是指根据经济业务发生的时间先后顺序逐日逐笔进行连续登记的账簿。序时账簿按其记录的经济业务内容不同又分为普通日记账和特种日记账。用来登记全部经济业务的日记账称为普通日记账；专门用来登记某一类经济业务的日记账称为特种日记账，如库存现金和银行存款日记账。

2) 分类账簿

分类账簿，又称分类账，是对全部经济业务进行分类登记的账簿。分类账按其所反映内容详细程度的不同，又分为总分类账和明细分类账。

（1）总分类账簿，又称总分类账，简称总账，是指根据总分类科目（一级会计科目）

开设，用以分类记录全部经济业务，提供总括核算资料的分类账簿。它对于明细分类账簿具有统驭和控制作用。

（2）明细分类账簿，又称明细分类账，简称明细账，是根据总分类账所属的二级或明细科目设置的，详细记录某一类经济业务，提供比较详细核算资料的分类账簿。明细分类账簿对于总分类账簿具有辅助和补充的作用。

3）备查账簿

备查账簿，又称辅助账簿，是对某些未能在序时账和分类账等主要账簿中登记的经济业务进行补充登记的账簿。备查账簿主要是为某些经济业务的经营决策提供一些必要的参考资料，如租入固定资产登记簿、应收票据备查簿、代管商品物资登记簿、受托加工物资登记簿等等。这种账簿属于备查性质的辅助账簿，与其他账簿之间不存在严密的依存、勾稽关系。

2. 账簿按外表形式分类

账簿按其外表形式不同，分为订本式账簿、活页式账簿和卡片式账簿。

1）订本式账簿

订本式账簿，又称订本账，是在账簿启用之前，就把若干顺序编号的、具有专门格式的账页固定装订成册的账簿。一般情况下，一些重要的、具有统驭作用的账簿，如库存现金日记账、银行存款日记账、总分类账等，都采用订本式账簿。应用订本式账簿的优点是可以避免账页散失，防止任意抽换账页。但是，它也有一些缺点。在使用时，必须为每一账户预留账页，这样可能会出现某些账户预留账页不足，影响账户连续登记，不便查阅，而有些账户预留账页过多，造成浪费。另外，采用订本式账簿，在同一时间里，只能由一人负责登记，不便于分工。

2）活页式账簿

活页式账簿，又称活页账，是把若干张具有专门格式、零散的账页，根据业务需要自行组合而成，并装在活页夹内的账簿。一般情况下，一些明细账采用活页账的形式。应用活页式账簿的优点是，账页不固定装订在一起，可根据业务的需要随时加入、抽出或移动账页，这样可以适当避免浪费，使用起来灵活，而且可以分工记账，有利于提高工作效率。但是，它也有一些缺点。由于账页是分开的，因此账页容易散失或被任意抽换。因此，使用时应将账页顺序编号，置于账夹内，并在账页上由有关人员签名或盖章，以防止产生某些舞弊行为。在年度终了时，更换新账后，应将使用过的账页装订成册，作为会计档案予以保管。

3）卡片式账簿

卡片式账簿，又称卡片账，是由若干张分散的，具有专门格式的存放在卡片箱中的卡片组成的账簿。这种账簿主要适用于内容比较复杂、变化不大的财产明细账，如固定资产卡片、低值易耗品卡片等。

卡片式账簿具有活页式账簿的特点，便于随时查阅，便于归类整理，不容易损坏，但也容易出现账页散失或被任意抽换的问题。因此，在使用时，需要将卡片式账页连续编号，并在卡片上由有关人员签名或盖章，放在卡片箱内，由专人保管。更换新账后，也需要封扎起来，作为会计档案妥善保管。

3. 账簿按账页格式分类

会计账簿按账页格式分类，可分为三栏式账簿、数量金额式账簿、多栏式账簿等。

1）三栏式账簿

三栏式账簿，是指由设置三个金额栏的账页组成的账簿。它适用于总分类账、日记账，也适用于只进行金额核算而不需要数量核算的债权、债务结算账户的明细分类账。

2）数量金额式账簿

数量金额式账簿，也称三大栏式账簿，是指在每一大栏内，又设置由数量、单价、金额等小栏目的账页组成的账簿。这种账簿适用于既要进行金额核算，又要进行实物数量核算的各种财产物资账簿。

3）多栏式账簿

多栏式账簿，是指由三个以上金额栏的账页所组成的账簿。这种账簿根据经济业务特点和经营管理的需要，把同一个一级账户下属的明细账户，集中在一张账页上设置专栏，反映各有关明细账户的核算资料。它适用于收入、费用和利润等账户。

综上所述，会计账簿的分类如图1-2所示：

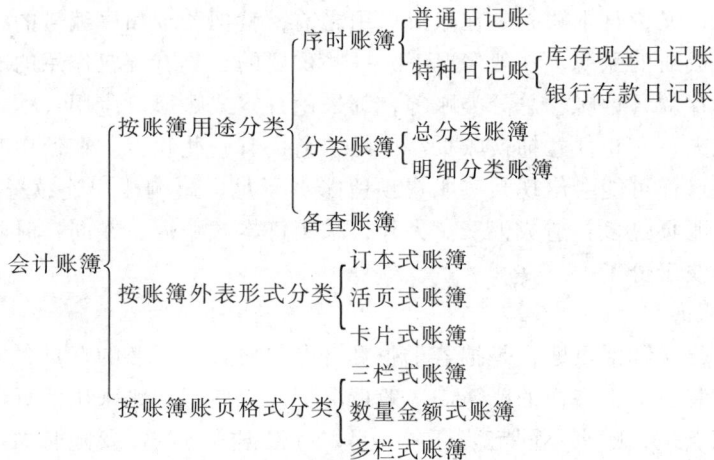

```
                                    ┌ 普通日记账
                          ┌ 序时账簿 ┤
                          │         └ 特种日记账 ┌ 库存现金日记账
                          │                     └ 银行存款日记账
              ┌ 按账簿用途分类 ┤         ┌ 总分类账簿
              │           │ 分类账簿 ┤
              │           │         └ 明细分类账簿
              │           └ 备查账簿
              │                     ┌ 订本式账簿
  会计账簿 ┤ 按账簿外表形式分类 ┤ 活页式账簿
              │                     └ 卡片式账簿
              │                     ┌ 三栏式账簿
              └ 按账簿账页格式分类 ┤ 数量金额式账簿
                                    └ 多栏式账簿
```

图1-2　会计账簿的分类

二、建账说明

所谓"建账"，即新建单位和原有单位在新年度开始时会计人员根据核算工作的需要设置应用账簿的过程。

建账时，要用黑色签字笔填写。如出现错误，要在错误处用红笔画斜线，并在其正上方用黑色签字笔重新填写正确信息并签章。

（一）新建单位建账

新建单位在建账时，一般需要考虑的问题有：①与企业相适应。企业规模与业务量是成正比的，规模大的企业，业务量大，分工也复杂，会计账簿需要的册数也多。企业规模小，业务量也小，一个会计可以处理所有经济业务，设置账簿时就没有必要设许多账，所有的明细账合成一两本就可以了。②依据企业管理需要。建立账簿是为了满足企业管理需要，为管理提供有用的会计信息，所以在建账时以满足管理需要为前提，避免重复设账、记账。③依据账务处理程序。企业业务量大小不同，所采用的账务处理程序也不同。企业一旦选择了账务处理程序，也就选择了账簿的设置，如果企业采用的是记账凭证账务处理程序，企业的总账就要根据记账凭证序时登记，就要准备一本序时登记的总账。

不同的企业在建账时所需要购置的账簿是不相同的，总体讲要依企业规模、经济业务的繁简程度、会计人员多少、采用的核算形式及电子化程度来确定。

工业企业由于会计核算涉及内容多，又有成本归集与计算问题，所以工业企业建账是最复杂的，一般而言，工业企业应设置的账簿有：

1. 库存现金日记账和银行存款日记账

任何企业都会有货币资金核算问题，因此这两种账簿是企业必须具备的。会计人员在购买时，两种账本各购一本即可。等使用完毕，再购入新账本也不迟。但如果企业开立了两个以上的银行存款账号，那么账本需要量就要视企业具体情况确定了。

2. 总分类账

企业可根据业务量的多少购买一本或几本总分类账（一般情况下无需一个科目设一本总账），然后根据企业涉及的业务和涉及的会计科目设置总账。原则上讲，只要是企业涉及的会计科目就要有相应的总账账簿（账页）与之对应。会计人员应估计每一种业务的业务量大小，为每个账户预留账页。在将总账分页使用时，假如总账账页从第1页到第10页登记库存现金业务，就在目录中写清楚"库存现金1—10"，并且在总账账页的第1页至第10页科目名称处写上"库存现金"；第11页到第20页为银行存款业务，就在目录中写清楚"银行存款11—20"，并且在总账账页的第11页至第20页科目名称处写上"银行存款"，依此类推，总账就建好了。

为了登记总账的方便，在总账账页分页使用时，最好按资产、负债、所有者权益、收入、费用的顺序来分页。

企业通常要设置的总账业务有库存现金、银行存款、其他货币资金、交易性金融资产、应收票据、应收账款、其他应收款、库存商品、长期股权投资、固定资产、累计折旧、无形资产、长期待摊费用、短期借款、应付票据、应付账款、其他应付款、应付职工薪酬、应交税费、应付股利、长期借款、应付债券、长期应付款、实收资本（股本）、资本公积、盈余公积、未分配利润、本年利润、主营业务收入、主营业务成本、税金及附加、销售费用、管理费用、财务费用、其他业务收入、其他业务成本、营业外收入、营业外支出、以前年度损益调整、所得税费用等。总账的登记可以根据记账凭证逐笔登记，可以根据科目汇总表登记，也可以根据汇总记账凭证进行登记。

因工业企业会计核算使用的会计账户较多，所以总账账簿的需要量可能会多一些，购买时需多购置几本，但也要根据业务量多少和账户设置的多少购置。因工业企业的存货内容所占比重较大，因此企业应根据存货的不同账户设置相应的总账，另外还要配合成本核算设置有关成本总账。有关存货账户有：原材料、在途物资、材料采购、委托加工物资、周转材料等。成本计算账户包括辅助生产成本、制造费用、基本生产成本等。

3. 明细分类账

在企业里，明细分类账是根据企业自身管理需要和外界各部门对企业信息资料需要来设置的。需设置的明细账有交易性金融资产（根据投资种类或对象设置）、应收账款（根据客户名称设置）、其他应收款（根据应收部门、个人、项目来设置）、持有至到期投资

（根据投资对象或根据面值、溢价、折价、相关费用设置）、固定资产（根据固定资产的类型设置，另外对于固定资产明细账不必每年更换新的账页）、短期借款（根据短期借款的种类或对象设置）、应付账款（根据应付账款对象设置）、其他应付款（根据应付的内容设置）、应付职工薪酬（根据应付项目设置）、应交税费（根据税的种类设置）、销售费用（按照费用的构成设置）、管理费用（按照费用的构成设置）、财务费用（按照费用的构成设置）等，企业可根据自身的需要增减明细账的设置。日常根据原始凭证、汇总原始凭证及记账凭证登记各种明细账。明细账无论按哪种方法分类，各个账户明细账的期末余额之和应与其总账的期末余额相等。

在工业企业里还应根据增加的总账，增加相应的明细账。材料按实际成本计价的企业，要设置在途物资明细账，以便于核算不同来源的材料的实际成本。材料按计划成本计价的企业，要设置材料采购明细账，采用横线登记法，按材料的各类规格、型号登记材料采购的实际成本和发出材料的计划成本，根据实际成本和计划成本的差异反映材料成本差异。另外，为配合材料按计划成本计价，可以建立"材料成本差异"明细账，它的原材料备抵调整账户，同原材料相同，它也是按材料的品种、规格进行设置，反映各类或各种材料实际成本与计划成本的差异，计算材料成本差异分配率。

为计算产品成本要设置基本生产成本明细账。基本生产成本明细账也称产品成本分类账或产品成本计算单。根据企业选择的成本计算方法，可以按产品品种、批别、生产步骤设置明细账。辅助生产成本明细账，用以反映归集的辅助生产成本及分配出去的辅助生产成本和转出的完工辅助生产产品，辅助生产成本明细账应根据辅助生产部门设置。制造费用明细账，根据制造费用核算内容如工资、折旧费用、低值易耗品摊销等来设置。

损益类明细账有主营业务收入、主营业务成本、销售费用、管理费用、财务费用、营业外收入、营业外支出、投资收益等账户。主营业务收入与主营业务成本明细账可根据产品品种、批别、类别来设置，销售费用、管理费用、财务费用明细账按照费用的种类设置，营业外收入、营业外支出明细账根据收入与支出的种类设置，投资收益明细账则根据投资的性质与投资的种类来设置。

因工业企业的成本计算比较复杂，所以在企业建账时，为了便于编制凭证，要设计一些计算用表格，如材料费用分配表、领料单、工资费用计算表、折旧费用分配表、次品损失计算表、辅助生产成本分配表、产品成本计算单等相关成本计算表格。

建账初始，必须要购置的有记账凭证（如果该企业现金收付业务较多，在选择时可以购买收款凭证、付款凭证、转账凭证；如果企业收付业务量较少也可以购买通用记账凭证）、记账凭证封面、记账凭证汇总表、记账凭证装订线、装订工具；此外，还应准备空白资产负债表、利润表、现金流量表等相关会计报表。按照规定，在账簿中每页账页的正反两面，只能设置 1 个账户。

（二）年初建账

实际工作中，并不是单位所有的账簿年初时都需要重新建立。

年初新建账簿主要有：①总账；②日记账，日记账包括库存现金日记账和银行存款日记账等；③三栏式明细账，如实收资本明细账、短期借款明细账、长期借款明细账、资本公积明细账等；④收入、费用明细账。

上述账簿必须每年更换一次，也就是在年初重新建账。建账方法为：

1. 总账

根据所开账户往年登记经济业务量的大小，保留足够数量用以登记经济业务的页码，逐一开设账户，建立新账。对于所开账户，将上年该账户的余额，直接抄入新账户第一页的首行，也就是直接"过账"。同时，在摘要栏内注明"上年结转"或"年初余额"字样，不必填制记账凭证。

2. 日记账

将库存现金日记账和银行存款日记账上年末的期末余额作为本年期初余额直接登记在新账第一页的首行。日期栏内写上"1月1日"；摘要栏内写上"上年结转"或"期初余额"字样；将现金实有数或上年末银行存款账面数填在余额栏内。与新建总账一样，也不必填制记账凭证。

3. 三栏式明细账

对于这类账簿，上年末结出余额，本年按明细账户建账，在账页相应栏次如"日期"、"摘要"、"借或贷"及"余额"等栏目的第一行里分别填上"1月1日"、"上年结转"、"借（或贷）"和金额等。三栏式明细账账簿明细账户较多的单位，应在所开各个明细账户首页的上面贴上口取纸，注明所开明细账户名称（明细会计科目），便于使用者翻阅。

4. 多栏式明细账

（1）收入、费用明细账。

对于该类账簿，各单位可以根据单位实际经济业务情况开设。收入、支出（费用）业务较多的单位，可分别开设"收入明细账"和"支出明细账"（或"费用明细账"）等。对于一些某项收入或费用较多的单位，也可以对某项收入或费用单设账簿。如"主营业务收入明细账""管理费用明细账"等各种损益类账簿。收入费用明细账账簿明细账户较多的单位，也应在所开各个明细账户首页的上面贴上口取纸，注明所开明细账户名称（明细会计科目），便于使用者翻阅。

按照记账凭证的记账时间、凭证种类、凭证号、摘要分别登记明细账的对应栏次，按照记账凭证的金额分别登记合计处与专栏对应行次的金额栏，并估出合计处的金额。结转时，在每个明细科目下用红字登记结转凭证的贷方金额，合计栏贷方登记所有发生额合计数。

（2）"应交税费——应交增值税"明细账金额的登记方法与收入、费用明细账相似。

跨年使用的账簿有：①卡片式账簿，如固定资产卡片等；②数量金额式明细账，如仓库保管员登记的数量金额式材料明细账、库存商品明细账等；③备查账，如租入固定资产备查账，受托加工材料物资备查账等、这些账簿主要记录跨年租赁业务或受托加工业务的会计信息，为便于管理，该类账簿可以连续使用；④债权债务明细账（也称为往来明细账）。一些单位债权债务较多，如果更换一次新账，抄写一遍的工作量较大，则账簿可以跨年使用，不必每年更换。但是，如果债权债务尚未结算的部分较少，单位应及时将未结算的债权债务转入下年新设债权债务明细账中。

（三）年初建账的程序及注意事项

1. 填写账簿启用及交接表

账簿的扉页即"账簿启用及交接表"，根据需要用蓝黑或碳素墨水笔填好下列各项：

（1）机构名称，即会计主体名称。

（2）印鉴，即单位公章。

（3）使用账簿页数，在本年度结束（12月31日）据实填写。

（4）主管人员，盖相关人员个人名章。"主办会计"和"记账"处填盖本公司会计的名章；"负责人"处填盖本公司财务经理的名章。另外记账人员更换时，应在交接记录中填写交接人员姓名、主管及交出时间和监交人员职务、姓名。

（5）粘贴印花税票并划线，除实收资本、资本公积按万分之五贴花外，其他账簿均按每本5元贴花。

2. 预留页码

总分类账外形采用订本式，印刷时已事先在每页的左上角或右上角印好页码。但由于所有账户均需在一本总账上体现，故应给每个账户预先留好页码。如"库存现金"用第1、2页，"银行存款"用第3、4、5、6页，根据单位具体情况设置，并要把科目名称及其页次填在账户目录中。

明细分类账由于采用活页式账簿，在年底归档前可以增减账页，故不用非常严格地预留账页。

库存现金日记账或银行存款日记账各自登记在一本上，故不存在预留账页的情况。

3. 科目编号及名称写在左（右）上角或中间横线上

例如"1001库存现金"、"1002银行存款"。注意：例如，银行存款要用2张共4页账页，那么第3页、第4页、第5页、第6页都是"1002银行存款"。

4. 结转年初余额

期初余额有两种类型：

（1）需要设置账户，但无期初余额。如"5101主营业务收入"账户，"3131本年利润"账户，编好页码、开好账头就行了，其余空置不填。

（2）非损益类账户有年初余额的结转。在账页"年"前填建账年份，"月"和"日"均填"1"，摘要栏填"上年结转"，将年初余额填入余额栏中，并注明借或贷。

任何单位都应当根据本单位经济业务的特点和经营管理的需要，设置一定种类和数量的账簿。账簿的设置主要包括确定账簿的种类和数量、各类账簿中账页的格式、账簿的登记方法等。一般而言，每个企业都离不开日记账、总分类账、明细分类账的设置，这里主要说明日记账、总分类账及明细分类账设置的账页格式及登记方法。

三、记账规则

（一）账簿启用的规则

在启用新账簿时，应在账簿的有关位置记录相关信息。

（1）设置账簿的封面与封底。账簿是储存会计信息的载体，是重要的会计档案。为了保证账簿记录的合法性，明确记账人的责任，保证账簿资料完整无缺，防止舞弊行为，在账簿启用时，应在账簿封面上写明单位名称和账簿名称。在账簿扉页上填写"账簿使用登记表"或"账簿启用表"，其内容包括启用日期、账簿页数、记账人员和会计主管人员姓名及盖章，单位公章等。

（2）启用订本式账簿，应从第一页到最后一页顺序编号，不得跳页、缺号。启用活页式账簿，应当按账户顺序编号，并需定期装订成册。装订后再按实际使用的账页顺序编定页码，标明目录、账户名称和页次。

（3）记账人员或会计人员调动工作时，应办理账簿交接手续，在交接记录栏内填写交接日期、交接人员和监交人员的姓名，并由交接双方人员签名或盖章。

（二）账簿登记的规则

会计人员应当根据审核无误的会计凭证登记会计账簿。登记账簿的基本要求是：

（1）登记会计账簿时，应当将会计凭证日期、编号、业务内容摘要、金额和其他有关资料逐项记入账内；做到数字准确、摘要清楚、登记及时、字迹工整。

（2）登记完毕后，要在记账凭证上签名或者盖章，并注明已经登账的符号，表示已经记账。

（3）账簿中书写的文字和数字上面要留有适当空格，不要写满格；一般应占格距的二分之一，以便于发生差错时更正。

（4）登记账簿要用蓝黑墨水或者碳素墨水书写，不得使用圆珠笔（银行的复写账簿除外）或者铅笔书写。但下列情况，可以用红色墨水记账：

①按照红字冲账的记账凭证，冲销错误记录；

②在不设借贷等栏的多栏式账页中，登记减少数；

③在三栏式账户的余额栏前，如未印明余额方向的，在余额栏内登记负数余额；

④根据国家统一会计制度的规定可以用红字登记的其他会计记录。

（5）各种账簿按页次顺序连续登记，不得跳行、隔页。如果发生跳行、隔页，应当将空行、空页划线注销，或者注明"此行空白""此页空白"字样，并由记账人员签名或者盖章。

（6）凡需要结出余额的账户，结出余额后，应当在"借或贷"等栏内写明"借"或者"贷"等字样。没有余额的账户，应当在"借或贷"等栏内写"平"字，并在余额栏内用"0"表示。库存现金日记账和银行存款日记账必须逐日结出余额。

（7）每一账页登记完毕结转下页时，应当结出本页合计数及余额，写在本页最后一行和下页第一行有关栏内，并在摘要栏内注明"过次页"和"承前页"字样；也可以将本页合计数及金额只写在下页第一行有关栏内，并在摘要栏内注明"承前页"字样。对需要结计本月发生额的账户，结计"过次页"的本页合计数应当为自本月初起至本页末止的发生额合计数；对需要结计本年累计发生额的账户，结计"过次页"的本页合计数应当为自年初起至本页末止的累计数；对既不需要结计本月发生额也不需要结计本年累计发生额的账户，可以只将每页末的余额结转次页。

（8）定期打印。《会计基础工作规范》第六十一条对实行会计电算化的单位提出了打印上的要求："实行会计电算化的单位，总账和明细账应当定期打印""发生收款和付款业务的，在输入收款凭证和付款凭证的当天必须打印出库存现金日记账和银行存款日记账，并与库存现金核对无误。"这是因为在以机器或其他磁性介质储存的状态下，各种资料或数据的直观性不强，而且信息处理的过程不明，不便于进行某些会计操作和进行内部或外部审计，对会计信息的安全和完整也不利。

（9）账簿记录发生错误，不准涂改、挖补、刮擦或者用药水消除字迹，不准重新抄写，必须按规定的方法更正。

（三）错账的更正方法

登记账簿难免会发生差错，发生错账的情况是多种多样的，有的是填制凭证和记账时发生的单纯笔误；有的是用错应借应贷的会计科目，或错记摘要、金额等；有的是过账错误；有的是合计时计算错误等。账簿记录的错误，一经发现后，应立即分析发生错误的情况并按规定的方法进行更正。在手工记账的情况下，常用的错账更正方法有划线更正法、红字更正法和补充登记法三种。

1. 划线更正法

在结账以前，如果发现账簿记录中有数字或文字错误，而记账凭证没有错，可用划线更正法进行更正。更正时，先在错误的数字或文字上划一条红线，表示注销，但应保证原有字迹仍能辨认，然后在划线上方空白处填写正确的数字或文字，并在更正处加盖更正人员的印章，以明确责任。但应注意，对于错误数字，必须全部划掉，不能只划去整个数字中的个别错误数字。

2. 红字更正法

红字更正法适用于以下两种情况：

（1）记账以后，如果发现记账凭证中应借、应贷科目发生错误时，应用红字更正法进行更正。

（2）根据记账凭证登记账簿后，发现记账凭证所记的科目或金额有错误，但账簿中的记录与记账凭证中的记录相吻合。

更正方法是先用红字填制一张与错误的记账凭证完全相同的记账凭证，并据此用红字记入有关账簿，冲销原来的错误记录；然后再用蓝字填制一张正确的记账凭证，并据此用蓝字登记入账。

3. 补充登记法

记账以后，如果发现记账凭证和账簿记录中会计科目无错误，而金额有错误，且所记金额少于应记的正确金额，应采用补充登记法进行更正。更正方法是将少记的差额用蓝字填制一张与错误凭证记录科目相同的记账凭证，并据以登记入账。

四、对账与结账

（一）对账

1. 对账的意义

对账，就是核对账簿。它是会计核算的一项重要内容，也是审计常用的一种查账方法。

在会计工作中，由于种种原因，账簿记录难免会有错漏。例如，填制凭证的差错，记账或过账的差错，计算及往来结算错误等。发生这些差错的原因有两种：一种是会计人员主观上的原因造成的，是可以避免的，如会计人员技术水平偏低，工作疏忽，工作状态不佳等；另一种是企业客观上的原因造成的，如财产物资自身的特性和自然原因等。因此，为了保证账簿记录的正确、完整、合理和可靠，如实地反映和监督经济活动，并为编制会计报表提供真实的数据和资料，就必须进行账簿之间的核对，确保账证相符、账账相符、账实相符。

对账的时间通常是在月末，在将本月内的全部经济业务登记入账并结出各账户的期末余额之后，结账之前。但是，如果出现人员调动等特殊情况时，应根据需要随时对账。

2. 对账的内容

对账的内容包括以下几个方面：

（1）账证核对。

账证核对是指各种账簿记录同会计凭证之间的核对。包括总分类账、明细分类账和日记账的记录同记账凭证、原始凭证之间的相互核对。这种核对主要是在平时编制记账凭证和记账过程中随时进行的，做到随时发现错误，随时查明纠正。但是在月末如发现总分类账试算不平衡，账账不符或账实不符等情况，仍应核对账证是否相符。核对时，主要是抽查与账账不符或账实不符有关的凭证，直至查出错误为止，而不是核对全部凭证。

（2）账账核对。

账账核对是核对会计账簿之间账簿记录是否相符，包括：

①总分类账户之间的核对。一般是通过编制"总分类账户期末余额试算表"进行的。检查各总分类账户本期借方发生额之和是否等于本期贷方发生额之和，期末所有账户借方余额之和是否等于贷方余额之和。

②总分类账户与所属明细分类账户之间的核对。一般是通过编制"总分类账户与明细分类账户对照表"进行的。检查总分类账户本期借、贷发生额及期末余额与所属明细账户本期借、贷发生额及期末余额是否相符。

③总分类账户与现金日记账、银行存款日记账之间的核对。检查现金、银行存款账户本期发生额及期末余额与总账是否相符。

④财会部门登记的各种财产物资明细分类账同财产物资保管、使用部门之间的核对。检查各方期末财产物资结存数是否相等。

（3）账实核对。

账实核对是指账簿记录结存数同库存现金、银行存款、各种有价证券及其他各项财产物资的实存数之间的核对。包括：

①库存现金日记账的账面余额同实地盘点的库存现金实有数之间的核对。此项核对应逐日进行，同时还应进行不定期的抽查。

②银行存款日记账的账面余额同各开户银行对账单之间的核对。此项核对是通过编制"银行存款余额调节表"进行的。通常每月核对一次。

③各种财产物资明细分类账结存数同清查盘点后的实有数之间的核对。此项核对根据财产物资清查的要求，定期或不定期地进行。

④各种应收、应付款项明细分类账的账面余额同有关债权、债务单位或个人的账目之间的核对；各种应交款项明细分类账的余额同国库及有关部门之间的核对。此项核对，一般通过调函的方法，定期或不定期地进行。

（二）结账

1. 结账的意义

结账，是指在将本期发生的经济业务全部登记入账的基础上，结算出每个账户的本期发生额和期末余额，并将期末余额结转至下期的一种方法。

结账是会计核算工作的又一项重要内容。如果只记账而不定期结账，记账就失去了意义。结账可以考察各期资产、负债、所有者权益和资金周转的情况，便于正确计算资金的耗费与产品成本，更重要的是为编制会计报表提供资料。

2. 结账的内容

（1）结账前，检查本期内发生的经济业务是否已全部登记入账，不能将本期发生的经济业务延至下期入账。这是结账工作的前提和基础。只有这样才能保证结账的正确性。

（2）按权责发生制的原则调整和结转有关账项。对于本期内所有应计和预收收入及应计和预付费用，应编制记账凭证并记入有关账簿，以调整账簿记录。如赊销业务虽在本会计期间没有收到货款，但按权责发生制的要求，仍应确认为当期的收入；再比如预收货款的那个会计期间是不能确认为企业当期收入的，只能确认为一项负债。

（3）计算各账户本期发生额和期末余额。在本期全部经济业务已登记入账的基础上，结算出现金日记账、银行存款日记账，以及总分类账和明细分类账的本期发生额和期末余额。

注意，不能为了提前编制会计报表而先结账，也不能先编会计报表而后结账。

3. 结账的方法

结账的目的通常是总结一定时期的财务状况和经营成果，因此结账工作一般是在会计期末进行的。可以分为月结、季结和年结。结账主要采用划线法，即期末结出各账户的本期发生额和期末余额后，加以划线标记，并将期末余额结转至下期的方法。划线的具体方法在月结、季结、年结时有所不同。

（1）月结。月底应办理月结。在各账户本月份最后一笔记录下面划一通栏红线，表示本月结束；然后在红线下结算出本月发生额和月末余额。如果没有余额，在余额栏内注明"平"字或"0"符号。同时，在"摘要"栏注明"×月份发生额及余额"或"本月合计"字样，然后在下面再划一通栏红线，表示完成月结。

（2）季结。季末应办理季结。办理季结，应在各账户本季度最后一个月的月结下面（需按月结出累计发生额的，应在"本季累计"下面）划一通栏红线，表示本季结束；然后在红线下结算出本季发生额和季末余额，并在摘要栏内注明"第×季度发生额及余额"或"本季合计"字样；最后，再在本摘要栏下面划一通栏红线，表示完成季结工作。

（3）年结。年终应办理年结。首先在12月份或第四季度季结下面划一通栏红线，表示年度终了，然后在红线下面结算出全年12个月份的月结发生额或4个季度的季结发生额，并在摘要栏内注明"本年发生额及余额"或"本年合计"字样，并在"本年发生额及余额"或"本年合计"下面通栏划双红线。年度终了，要把各账户的余额结转到下一会计年度，并在摘要栏内注明"结转下年"字样；在下一会计年度新建的有关会计账簿的第一行余额栏内填写"上年结转"字样。

知识点三　　成本核算

一、原始记录

做好成本核算工作，首先要建立健全原始记录；建立并严格执行材料的计量、检验、领用、盘点、退库等制度；建立健全原材料、燃料、动力、工时等消耗定额；严格遵守各项制度规定，并根据具体情况确定成本核算的组织形式。

二、一般工业企业成本核算程序

成本核算是对生产费用支出和产品成本的核算。因此，成本核算的内容一般包括生产费用的核算和产品成本的计算。

生产费用核算，是根据经过审核的各项原始凭证汇集生产费用，进行生产费用的总分类核算和明细分类核算。然后，将汇集在有关费用账户中的费用再进行分配，分别分配给各成本核算对象。

产品成本的计算，是将通过生产费用核算分配到各成本计算对象上的费用进行整理，按成本项目归集并在此基础上计算产品成本。如本期投产的产品本期全部完工，则所归集的费用总数即为完工产品成本；如果期末有尚未完工的在产品，则需采用适当方法将按成本项目归集起来的各项费用在完工产品和在产品间进行分配，计算出完工产品的成本。

成本核算的一般程序为：

（1）对企业的各项支出、费用进行严格的审核和控制，并按照国家统一会计制度来确定计入产品成本的直接材料、直接人工和制造费用。

（2）将应计入产品成本的各项成本，区分为应当计入本月的产品成本与应当由其他月份产品负担的成本。

（3）将应计入本月产品成本的各项生产成本，在各种产品之间按照成本项目进行归集和分配，计算出各种产品的成本。

（4）对于月末既有完工产品又有在产品的产品，将该种产品的生产费用（月初在产品生产费用与本月生产费用之和），在完工产品与月末在产品之间进行分配，计算出该种产品的完工产品成本和月末在产品成本。

三、生产成本在完工产品与在产品之间分配的方法

月末如果既有完工产品又有在产品，产品成本明细账中归集的月初在产品生产成本与本月发生的成本之和，则应当在完工产品与月末在产品之间采用适当的分配方法进行分配和归集，以计算完工产品和月末在产品的成本。

企业应当根据在产品数量的多少、各月在产品数量变化的大小、各项成本比重的大小以及定额管理基础的好坏等具体条件，采用适当的分配方法将生产成本在完工产品和在产

品之间进行分配。常用的分配方法有：不计算在产品成本法、在产品按固定成本计价法、在产品按所耗用直接材料成本计价法、约当产量比例法、在产品按定额成本计价法、定额比例法等。

（1）不计算在产品成本法：产品每月发生的成本，全部由完工产品负担，其每月发生的成本之和即为每月完工产品成本。这种方法适用于月末在产品数量很小的产品。

（2）在产品按固定成本计价法：各月末在产品的成本固定不变。这种方法适用于月末在产品数量较多，但各月变化不大的产品或月末在产品数量很小的产品。

（3）在产品按所耗用直接材料成本计价法：月末在产品只计算其所耗直接材料成本，不计算直接人工和制造费用的加工成本等。这种方法适用于各月末在产品数量较多、各月在产品数量变化也较大，直接材料成本在成本中所占比重较大且材料在开始生产时一次全部投入的产品。

（4）约当产量比例法：应将月末在产品数量按照完工程度折算为相当于完工产品的产量，即约当产量，然后按照完工产品产量与月末在产品约当产量的比例分配计算完工产品成本和月末在产品成本。其基本做法如下。

第一步，计算在产品约当产量：

在产品约当产量＝在产品数量×完工率（完工程度）

第二步，计算费用分配率（每件完工产品应分配的费用）：

费用分配率＝（月初在产品成本＋本月发生生产成本）÷（完工产品产量＋月末在产品约当产量）

第三步，求出完工产品的成本：

完工产品成本＝完工产品数量×费用分配率

第四步，求出在产品的成本：

月末在产品成本＝月末在产品约当产量×费用分配率

＝月初在产品成本＋本月发生生产成本－完工产品成本

这种方法适用于月末在产品数量较多，各月在产品数量变化也较大，且产品成本中直接材料成本和直接人工、制造费用等加工成本的比重相差不大的产品。

（5）在产品按定额成本计价法：月末在产品成本按定额成本计算，该种产品的全部成本（如果有月初在产品，含月初在产品成本）减去按定额成本计算的月末在产品成本，余额作为完工产品成本；每月生产成本脱离定额的节约差异或超支差异全部计入当月完工产品成本。这种方法适用于各项消耗定额或成本定额比较准确、稳定，而且各月末在产品数量变化不是很大的产品。

（6）定额比例法：产品的生产成本在完工产品与月末在产品之间按照两者的定额消耗量或定额成本比例分配。这种方法适用于各项消耗定额或成本定额比较准确、稳定，但各月末在产品数量变动较大的产品。

四、产品成本的计算方法

生产成本归集分配完毕后，应按成本核算的对象编制成本计算单，并选择一定的成本计算方法，计算各种产品的总成本和单位成本。企业在进行成本计算时，应当依据其生产经营特点、生产经营组织类型和成本管理要求，确定成本计算方法。成本计算的基本方法有品种法、分批法和分步法三种。品种法，是指以产品品种作为成本核算对象，归集和分配生产成本，计算产品成本的一种方法；分批法亦称订单法，是指以产品的批别作为产品成本核算对象，归集生产成本，计算产品成本的一种方法；分步法，是指按照生产过程中各个加工步骤（分品种）为成本核算对象，归集生产成本，计算各步骤半成品和最后产成品成本的一种方法。分步法按照成结转方式的不同又可分为逐步结转分步法和平行结转分步法。

知识点四　　会计报表

账簿能序时地、分类地反映一个企业全部经济业务的发生情况及其结果。但是，各种账簿所提供的信息过于分散，也不便于向外部信息使用者提供。这就需要对账簿资料进行进一步的加工和提炼，将一个企业一定时期的经济活动全过程及其结果浓缩成表格化的书面报告，这就是会计报表。会计报表是会计工作的最终"产品"，也是用以向会计信息的使用者传递会计信息的媒介。

一、会计报表的意义

（一）会计报表的概念

会计报表是将日常会计核算资料进行加工、整理、汇总，以货币为计量单位，利用一定的表格形式，定期地综合反映各单位财务状况及经营成果的书面报告。会计报表是财务会计报告的主要组成部分。财务会计报告由会计报表、会计报表附注和财务情况说明书组成。

在市场经济条件下，投资者、债权人、企业内部管理人员及政府管理部门，都需要了解企业的财务状况和经营成果。企业在日常会计核算中，对于发生的经济业务已经在账簿中进行了系统、全面的记录，但是在账簿中记录的会计信息是分散的，不能系统完整地反映企业的财务状况和经营成果，因此在会计核算中，还需要将账簿中分散的会计核算资料进行进一步加工整理，使之成为具有内在联系的指标体系，这就需要编制会计报表。

（二）会计报表的作用

编制会计报表，是会计核算方法体系的重要组成部分。会计报表可以为会计信息使用者提供有用的会计信息，在社会经济生活中发挥着重要作用。其作用主要在于：

（1）向投资者、潜在投资者提供详简适度的会计信息，便于他们做出对自己有利的投资决策。

（2）向债权人提供关于企业偿债履约情况和偿债能力情况的信息，以便其检查企业各种借款的使用及偿还保证的履行，并决定是否对企业提供贷款。

（3）向政府有关部门提供关于企业完成社会义务和责任的情况的信息。

（4）向企业管理当局和其他管理部门提供关于企业的经营水平和获利情况的信息，以便管理当局进行决策。

（5）为企业经营管理提供决策信息，以便其指导企业的生产经营活动。

二、会计报表的种类

会计报表可以按照不同的标准分类。

（一）按反映的经济内容分类

会计报表按其反映的经济内容，可以分为反映财务状况的报表、反映经营成果的报表和反映现金流量的报表。

反映财务状况的报表是指反映企业在某一时点的资产、负债和所有者权益的构成情况及其在一定期间变动情况的报表，这类报表主要有资产负债表及其附表、所有者权益变动表等。反映经营成果的报表是指反映企业一定期间收入、费用和利润情况的报表，这类报表主要有利润表、主营业务收支明细表、产品生产成本表、制造费用明细表和管理费用明细表等。现金流量表是反映企业在一定时期现金流入和现金流出动态状况的报表。

（二）按服务对象分类

会计报表按其服务的对象可以分为对外报表和对内报表。

对外报表，是指主要为投资人、债权人、政府管理部门、证券交易所等企业外部报表使用者服务的报表。对外报表主要包括资产负债表、利润表、现金流量表、利润分配表、报表附注和附表等。对外报表的报告内容和格式必须符合有关法律和国家统一会计制度的要求。

对内报表，是指专门为企业内部管理部门和经营管理者编制和报送的报表。这类报表的主要目的是为企业内部经营决策提供资料，主要包括成本报表和有关附表，以及企业预算、计划、业绩考评等报表。对内报表的种类、报告内容和格式等，一般没有国家统一规定。需要注意的是企业内部管理部门和经营管理者也需要对外报表，但是这些报表必须对外报送，因此称为对外报表，而对内报表只是企业内部需要，不必对外报送。

（三）按主从关系分类

会计报表按照主从关系可以分主表和附表。

主表即主要报表，是指反映企业经营活动基本情况的会计报表，如资产负债表、利润表和现金流量表等。

附表即附属报表，是指对主要报表的某些项目进行详细说明的会计报表。如资产负债表附表主要包括存货表、固定资产和累计折旧表、应交增值税明细表等；利润表的附表主要包括主营业务收支明细表、管理费用明细表等。

（四）按编报时间分类

会计报表按照编报的时间可以分为月报、季报、半年报和年报。月报，是按月编制的会计报表；季报，是按季度编制的会计报表；半年报，是按半年度编制的会计报表；年报，是按年编制的会计报表。月报、季报、半年报属于中期财务报表，主要编制资产负债表和利润表。年报还要加上现金流量表、所有者权益变动表等。

（五）按编制单位分类

会计报表按照编制单位可以分为基层报表和汇总报表。基层报表是由独立核算的基层单位编制的反映本单位经济活动情况的报表；汇总报表是由基层单位的主管部门根据所属单位编报的基层报表进行逐级汇总而编制的会计报表。

三、会计报表的编制要求

为了充分发挥会计报表的作用使报表使用者能清楚地理解企业的财务状况、经营成果和现金流量情况，会计报表的编制应该符合下列基本要求：

1. 数据真实

要求会计报表中各个项目的数据必须真实可靠，如实反映企业的财务状况、经营成果和现金流量。因此，会计报表必须根据核对无误的账簿资料编制，不得以任何方式弄虚作假，否则，不仅不能发挥会计报表应有的作用，反而会由于错误的信息，导致会计信息使用者作出错误的决策，给国家和企业造成不应有的损失。

2. 计算准确

编制会计报表的主要依据是会计账簿，但是报表数字不是账簿数字的简单转抄。编制报表的过程实际是对账簿数字进行分析和重新计算的过程。一方面，很多报表项目需要根据有关账户的期末余额或发生额计算分析填列；另一方面，各报表项目之间也存在着一定的勾稽关系，因此，编制报表时，要求计算准确，以确保报表数据准确无误。

3. 内容完整

要求会计报表必须按照国家统一规定的种类、格式和内容编制。凡规定编制的会计报表，必须编报齐全，不得漏编、漏报。对于应当填制的报表项目，无论是表内项目还是补充资料，都必须填制齐全。如果个别项目无数字填列，应当在金额栏内划一条短横线，以示该项目无数字填列。

4. 编报及时

会计信息的使用价值具有很强的时效性，一旦过期，信息的价值和功效就会丧失。为了便于会计信息的使用者及时了解和掌握企业情况，会计报表必须按照规定的期限和程序及时编制和报送。按照有关会计制度规定，企业的月度会计报表应当在月份终了后 6 天内报出，季度会计报表应当在季度终了后 12 天内报出，半年期财务报告应当在下半年前两个月内报出，年度财务报告应当在年度终了后 4 个月内报出。

第二部分
基本实训任务

任务一　货币资金业务核算

一、实训目的

通过实际操作，使学生了解货币资金的账务处理流程，掌握其实际业务操作流程，明确出纳岗位的业务范围及核算内容，熟悉现金的收付制度、各种银行的结算方式，掌握库存现金日记账、银行存款日记账的登记，并保证日清月结。

二、实训要求

1. 设置库存现金日记账、银行存款日记账、总账，登记期初余额。
2. 根据实训资料中的外来或自制的原始凭证编制记账凭证。
3. 根据记账凭证逐日逐笔登记日记账、总账。
4. 按日结计日记账和明细账余额；月末结日记账和明细账、总账。
5. 将银行存款日记账和银行对账单进行核对，并编制银行存款余额调节表。

三、实训资料

1. 富豪有限公司是一家有 200 名职工的有限责任公司，注册资本 100 万元，主要从事铸造设备生产，为增值税一般纳税人。

2017 年 12 月 1 日部分账户资料如下（单位：元）：

库存现金	1 100
银行存款	2 000 000
其他应收款	3 000
其他应收款——康华	3 000
应收账款	80 000
应收账款——A 公司	30 000
应收账款——B 公司	50 000
应付账款	200 000
应付账款——C 公司	50 000
应付账款——D 公司	150 000
应付职工薪酬	299 460
应交税费	220 540
应交税费——应交个人所得税	540
应交税费——应交增值税	200 000
应交税费——应交城市维护建设税	14 000
应交税费——应交教育费附加	6 000

2. 本月发生有关业务如下（原始凭证）。

表 2-1-1

<table>
<tr><td colspan="2" align="center">中国工商银行（黑）
现金支票存根
№00213242</td></tr>
<tr><td colspan="2">附加信息：</td></tr>
<tr><td colspan="2"></td></tr>
<tr><td colspan="2">出票日期：2017 年 12 月 1 日</td></tr>
<tr><td colspan="2">收　款　人：富豪有限公司</td></tr>
<tr><td colspan="2">金　　　额：￥5 000.00</td></tr>
<tr><td colspan="2">用　　　途：日常开支</td></tr>
<tr><td>单位主管：</td><td>会计：</td></tr>
</table>

表 2-1-2

借　据
2017 年 12 月 1 日

借款金额	叁仟元整		￥3 000.00
借款事由	公出		
领导批示	财务负责人	借款部门负责人	借款人
刘军	高金	李海洋	王宇

表 2-1-3

职工困难补助申请表
2017 年 12 月 1 日

申请人姓名	刘和刚	所在部门	厂部
申请理由	生活困难	平均生活费	￥1 000.00
申请金额	捌佰元整		￥800.00
工会小组意见	同意	领款人签字	刘和刚

表 2-1-4-1

差旅费报销单
2017 年 12 月 1 日

部门名称	采购部			姓　名			康华
出差事由	采购			出差日期自 *2017 年 11 月 17 日*			
地点	杭州			至 *2017 年 11 月 30 日 共 14 天*			
项目金额	交通工具			卧补	住宿费	伙食费	其他
	火车	汽车	市内交通费				
	800	80	80	40	1 000	650	50
报销总额	人民币（大写）贰仟柒佰元整						￥2 700.00
预借差旅费	￥3 000.00			补领金额			
				退还金额	300.00		

财务负责人：高金　　　　　部门领导签字：李海洋　　　　　领款人：康华

表 2-1-4-2

收　据

2017 年 12 月 1 日

今　收　到：康华

人民币（大写）：叁佰元整　　　　　　　　　　　　　　　　　¥300.00

收款事　由：还款

收款单位：富豪有限公司　　　　　　　　　　　　收款人：王微

表 2-1-5

中国工商银行汇票申请书（存根）　1

申请日期：*2017 年 12 月 3 日*　　　　第 09345 号

申请人	富豪有限公司	收款人	杭州西子公司
账号或住址	800-500-600	账号或住址	421-658-697
用　途	购货	代理付款行	杭州市工行西子路分理处

金额	人民币（大写）伍拾万元整	千	百	十	万	千	百	十	元	角	分
			¥	5	0	0	0	0	0	0	0

工行长江路
分理处
2017.12.03
转讫

备注：　　　　　　　科目
　　　　　　　　　　对方科目

　　　　　　　　　　财务主管　复核　经办

表 2-1-6

收　据

2017 年 12 月 4 日

今　收　到：魏红元

人民币（大写）：壹佰元整　　　　　　　　　　　　　　　　　¥100.00

收款事　由：误工罚款

收款单位：富豪有限公司　　　　　　　　　　　　收款人：王微

表 2-1-7-1

中国工商银行进账单（回单）　1

2017 年 12 月 5 日　　　　第 0056985 号

付款人	全　称	A公司	收款人	全　称	富豪有限公司
	账　号	245-633-998		账　号	800-500-600
	开户银行	沈阳市工行泰山支行		开户银行	哈尔滨市工行长江路分理处

金额	人民币（大写）叁万元整	亿	千	百	十	万	千	百	十	元	角	分
						¥	3	0	0	0	0	0

票据种类	转账支票
票据张数	1

工行长江路
分理处
2017.12.05
转讫
开户银行签章

　　　　　　复核　　记账

表 2-1-7-2

收　据

2017 年 12 月 5 日

今　收　到：A 公司

人民币（大写）：叁万元整　　　　　　　　　　　　　　　　￥30 000.00

收 款 事 由：前欠货款

收 款 单 位：富豪有限公司　　　　　　　　　　　　　　收款人：王微

表 2-1-8-1

中国工商银行（黑）

现金支票存根

No.00213243

附加信息：

出票日期：**2017 年 12 月 7 日**

收 款 人：富豪有限公司

金　　额：**￥299 460.00**

用　　途：发放工资

单位主管：　　　　会计：

表 2-1-8-2

工 资 发 放 表

2017 年 12 月 7 日　　　　　　　　　　　　　　　　　单位：元

人员	应付工资			代扣款			发放工资	签字
	基本工资	津贴	合计	公积金	税金	合计		
甲产品生产工人	80 000	20 000	100 000		60	60	99 940	赵强
乙产品生产工人	75 000	18 000	93 000		40	40	92 960	李莉
车间管理人员	15 000	3 000	18 000		120	120	17 880	王菲
公司管理人员	58 000	17 000	75 000		260	260	74 740	周易
福 利 人 员	3 000	850	3 850		40	40	3 810	李渔
在建工程人员	8 000	2 150	10 150		20	20	10 130	王克
合计	239 000	61 000	300 000		540	540	299 460	

财务主管：高金　　　　审核：张飞　　　　制单：康辉

表 2-1-9-1

税收专用缴款书

地

注册类型：有限责任公司　　　　填发日期：**2017** 年 **12** 月 **8** 日　　征收机关：哈尔滨市南岗区国税分局

缴款单位（人）	代　码	800100200300400		预算科目	编　码	
	全　称	富豪有限公司			名　称	个人所得税
	开户银行	工行哈尔滨长江路分理处			级　次	
	账　号	800-500-600		收款国库	哈尔滨市中心支库	
税款所属时期		2017 年 11 月 01 日至 2017 年 11 月 30 日		税款限缴日期	2017 年 12 月 10 日	

品目名称	课税数量	计税金额或销售收入	税率或单位税额	已缴或扣除额	实缴金额									
					千	百	十	万	千	百	十	元	角	分
个人所得税								5	4	0	0	0	0	0

工行长江路分理处　2017.12.08

金额合计	人民币（大写）伍佰肆拾元整			4	0	0	0

缴款单位（人）（盖章）　经办人（章）	税务机关（盖章）　填票人（章）　征税专用章	上列款项已收妥并划转款单位账户　国库（银行）盖章　转讫　年　月　日	备注

逾期不缴按税法规定加收滞纳金

表 2-1-9-2

税收专用缴款书

国

注册类型：有限责任公司　　　　填发日期：**2017** 年 **12** 月 **8** 日　　征收机关：哈尔滨市南岗区国税分局

缴款单位（人）	代　码	800100200300400		预算科目	编　码	
	全　称	富豪有限公司			名　称	
	开户银行	工行哈尔滨长江路分理处			级　次	
	账　号	800-500-600		收款国库	哈尔滨市中心支库	
税款所属时期		2017 年 11 月 01 日至 2017 年 11 月 30 日		税款限缴日期	2017 年 12 月 10 日	

品目名称	课税数量	计税金额或销售收入	税率或单位税额	已缴或扣除额	实缴金额									
					千	百	十	万	千	百	十	元	角	分
增值税			17%				2	0	0	0	0	0	0	0
城市维护建设税			7%					1	4	0	0	0	0	0
教育费附加			3%						6	0	0	0	0	0

工行长江路分理处　2017.12.08

金额合计	人民币（大写）贰拾贰万元整		2	2	0	0	0	0	0	0

缴款单位（人）（盖章）　经办人（章）	税务机关（盖章）　填票人（章）　征税专用章	上列款项已收妥并划转款单位账户　国库（银行）盖章　转讫　年　月　日	备注

逾期不缴按税法规定加收滞纳金

表 2-1-10-1

中国工商银行电汇凭证（回单） 1

委托日期 **2017** 年 **12** 月 **15** 日   第 008321 号

<table>
<tr><td rowspan="3">汇款人</td><td>全　称</td><td colspan="3">富豪有限公司</td><td rowspan="3">收款人</td><td>全　称</td><td colspan="4">C 公司</td><td rowspan="7">此联是汇出行交给汇款人的回单</td></tr>
<tr><td>账号或住址</td><td colspan="3">800-500-600</td><td>账号或住址</td><td colspan="4">875-894-542</td></tr>
<tr><td>汇出地点</td><td>黑龙江省哈尔滨市</td><td>汇出行名称</td><td>长江路分理处</td><td>汇入地点</td><td colspan="2">山东省青岛市　县</td><td>汇入行名称</td><td>青岛分理处</td></tr>
<tr><td rowspan="2">金额</td><td>人民币（大写）</td><td colspan="3">伍万元整</td><td colspan="3">亿 千 百 十 万 千 百 十 元 角 分</td></tr>
<tr><td colspan="4"></td><td colspan="3">¥ 5 0 0 0 0 0 0</td></tr>
<tr><td>汇款用途：</td><td colspan="4">还款</td><td colspan="4">汇出行盖章</td></tr>
<tr><td colspan="5">单位主管　会计　复核　记账</td><td colspan="4">年　月　日</td></tr>
</table>

表 2-1-10-2

收　据

2017 年 **12** 月 **16** 日

今　收　到：富豪有限公司

人民币（大写）：伍万元整 　　　　　　　　　　　　　　　　　　¥ **50 000.00**

收　款　事　由：还欠款

收　款　单　位：C 公司 　　　　　　　　　　　　　　收款人：李莉

表 2-1-11-1

浙江增值税专用发票 　　　　№ 00810078

抵扣联

开票日期：2017 年 12 月 17 日

<table>
<tr><td rowspan="4">购买方</td><td>名　　称：</td><td colspan="4">富豪有限公司</td><td rowspan="4">密码区</td><td rowspan="4">略</td><td rowspan="9">第二联：抵扣联　购买方扣税凭证</td></tr>
<tr><td>纳税人识别号：</td><td colspan="4">800100200300400</td></tr>
<tr><td>地址、电话：</td><td colspan="4">哈尔滨市长江路33号（88581588）</td></tr>
<tr><td>开户行及账号：</td><td colspan="4">工行哈尔滨长江路分理处 800-500-600</td></tr>
<tr><td>货物或应税劳务、服务名称</td><td>规格型号</td><td>单位</td><td>数量</td><td>单价</td><td>金额</td><td>税率</td><td>税额</td></tr>
<tr><td>C 材料</td><td></td><td>千克</td><td>4 000</td><td>100.00</td><td>400 000.00</td><td>17%</td><td>68 000.00</td></tr>
<tr><td>合计</td><td></td><td></td><td></td><td></td><td>¥ 400 000.00</td><td></td><td>¥ 68 000.00</td></tr>
<tr><td>价税合计（大写）</td><td colspan="4">肆拾陆万捌仟元整</td><td colspan="2">（小写）¥ 468 000.00</td></tr>
<tr><td rowspan="4">销售方</td><td>名　　称：</td><td colspan="4">杭州西子公司</td><td rowspan="4">备注</td><td rowspan="4">265566987111222
发票专用章</td></tr>
</table>

销售方
名　　称：杭州西子公司
纳税人识别号：265566987111222
地址、电话：杭州西子路33号（84581588）
开户行及账号：工行杭州西子路分理处 421-658-697

收款人：李安　　　　复核：春晓　　　　开票人：胡佑　　　　销售方：（章）

表 2-1-11-2

浙江增值税专用发票

No 00810078

发票联

开票日期：2017 年 12 月 17 日

购买方	名　　　　称：富豪有限公司
	纳税人识别号：800100200300400
	地址、电话：哈尔滨市长江路 33 号（88581588）
	开户行及账号：工行哈尔滨长江路分理处 800-500-600

密码区　略

货物或应税劳务、服务名称	规格型号	单位	数量	单价	金额	税率	税额
C 材料		千克	4 000	100.00	400 000.00	17%	68 000.00
合计					￥400 000.00		￥68 000.00

价税合计（大写）	肆拾陆万捌仟元整	（小写）￥468 000.00

销售方	名　　　　称：杭州西子公司
	纳税人识别号：265566987111222
	地址、电话：杭州西子路 33 号（84581588）
	开户行及账号：工行杭州西子路分理处 421-658-697

备注

杭州西子公司
265566987111222
发票专用章

第三联：发票联　购买方记账凭证

收款人：李安　　　复核：春晓　　　开票人：胡佑　　　销售方：（章）

表 2-1-11-3

浙江增值税专用发票

No 15453864

抵扣联

开票日期：2017 年 12 月 17 日

购买方	名　　　　称：富豪有限公司
	纳税人识别号：800100200300400
	地址、电话：哈尔滨市长江路 33 号（88581588）
	开户行及账号：工行哈尔滨长江路分理处 800-500-600

密码区　略

货物或应税劳务、服务名称	规格型号	单位	数量	单价	金额	税率	税额
运输费					4 000.00	11%	440.00
合计					￥4 000.00		￥440.00

价税合计（大写）	肆仟肆佰肆拾元整	（小写）￥4 440.00

销售方	名　　　　称：杭州运输公司
	纳税人识别号：265566989989665
	地址、电话：杭州市解放路（87488159）
	开户行及账号：工行杭州西湖支行 421-658-876

备注：支持件：4 000 千克。
起运地：杭州；
终到地：哈尔滨

杭州运输公司
发票专用章

第二联：抵扣联　购买方扣税凭证

收款人：周云　　　复核：李非非　　　开票人：李伦　　　销售方：（章）

表 2-1-11-4

浙江增值税专用发票

No 15453864

开票日期：2017 年 12 月 17 日

购买方	名　　称：富豪有限公司 纳税人识别号：800100200300400 地址、电话：哈尔滨市长江路 33 号（88581588） 开户行及账号：工行哈尔滨长江路分理处 800-500-600	密码区	略

货物或应税劳务、服务名称	规格型号	单位	数量	单价	金额	税率	税额
运输费					4 000.00	11%	440.00
合　计					¥4 000.00		¥440.00

价税合计（大写）	肆仟肆佰肆拾元整	（小写）¥4 440.00

销售方	名　　称：杭州运输公司 纳税人识别号：265566989989665 地址、电话：杭州市解路（87488159） 开户行及账号：工行杭州西湖支行 421-658-876	备注	支持件：4 000 千克。 起运地：杭州； 终到地：哈尔滨

收款人：周云　　　复核：李菲菲　　　开票人：李伦　　　销售方：（章）

表 2-1-11-5

材料验收入库单

供应单位：杭州西子公司　　　2017 年 12 月 20 日

材料类别	材料名称	单位	数量	实收数量	单价	金额
101	C 材料	千克	4 000	4 000		
合　计			4 000	4 000		

仓库主管：张峰　　　材料会计：李梅　　　收料员：王菲　　　经办人：李广　　　制单：赵强

备注：此表需要学生填列。

表 2-1-12

中国工商银行

银行汇票（多余款通知）　4

付款期限 壹个月		汇票号码 第 68452 号

出票日期 （大写）	贰零壹柒年壹拾贰月贰拾肆日	代理付款行	行号

收款人：杭州西子公司

汇款金额人民币（大写）伍拾万元整

实际结算金额人民币（大写）肆拾柒万贰仟肆佰肆拾元整	千	百	十	万	千	百	十	元	角	分
		¥	4	7	2	4	4	0	0	0

申请人：富豪有限公司	账号或住址：800-500-600	
出票行：哈尔滨市长江路分理处		
行号：800		科目（借）－－－－－－－
	多余金额	对方科目（贷）－－－－－－
备注：		兑付日期　年　月　日
出票行盖章 2017.12.24		

	千	百	十	万	千	百	十	元	角
			¥	2	7	5	6	0	0

复核　　记账

2017 年 12 月 24 日

表 2-1-13-1

中国工商银行托收承付凭证（回单）　　**1**

委托日期　　*2017* 年 *12* 月 *25* 日

<table>
<tr><td rowspan="3">付款人</td><td>全　称</td><td>长春全有公司</td><td rowspan="3">收款人</td><td>全　称</td><td colspan="3">富豪有限公司</td></tr>
<tr><td>账号或住址</td><td>648-684-984</td><td>账号或住址</td><td colspan="3">800-500-600</td></tr>
<tr><td>开户银行</td><td>长春市黄海路分理处</td><td>开户银行</td><td>哈尔滨市长江路分理处</td><td>行号</td><td>800</td></tr>
</table>

托收金额	人民币（大写）贰拾叁万肆仟伍佰伍拾伍元整	亿	千	百	十	万	千	百	十	元	角
					¥	2	3	4	5	5	5	0

附件		商品发动情况	合同名称号码
附寄单证张数或册数	3	货已发出	购销合同0034号
备注：		款项收妥日期	工行长江路分理处 2017.12.25
			开户银行盖章 2017 年 12 月 25 日 转讫
		年　月　日	

单位主管　　　　会计　　　　　复核　　　　　记账

此联是收款人开户行给收款人的回单

表 2-1-13-2

黑龙江增值税专用发票

记账联

№ 0683189

开票日期：2017 年 12 月 24 日

<table>
<tr><td rowspan="4">购买方</td><td>名　　称：长春全有公司</td><td rowspan="4">密码区</td><td rowspan="4">略</td></tr>
<tr><td>纳税人识别号：680975628145432</td></tr>
<tr><td>地址、电话：长春市黄海路 28 号（54963524）</td></tr>
<tr><td>开户行及账号：工行长春黄海路分理处 648-684-984</td></tr>
</table>

货物或应税劳务、服务名称	规格型号	单位	数量	单价	金额	税率	税额
乙产品		件	500	400.00	200 000.00	17%	34 000.00
合计					¥ 200 000.00	17%	¥ 34 000.00
价税合计（大写）	贰拾叁万肆仟元整				（小写）　¥ 234 000.00		

<table>
<tr><td rowspan="4">销售方</td><td>名　　称：富豪有限公司</td><td rowspan="4">备注</td></tr>
<tr><td>纳税人识别号：800100200300400</td></tr>
<tr><td>地址、电话：哈尔滨市长江路 33 号（88581588）</td></tr>
<tr><td>开户行及账号：工行哈尔滨长江路分理 800-500-600</td></tr>
</table>

收款人：李咏　　　复核：张云　　　开票人：周逸　　　销售方：（章）

第一联：记账联　销售方记账凭证

41

表 2-1-13-3

辽宁增值税专用发票

抵扣联

No 79654238

开票日期：2017 年 12 月 24 日

购买方	名　　　称：长春全有公司 纳税人识别号：680975628145541 地址 、电话：长春市黄海路 28 号（54963524） 开户行及账号：工行长春黄海路分理处 648-684-984	密码区	略

货物或应税劳务、服务名称	规格型号	单位	数量	单价	金额	税率	税额
运输费					500.00	11%	55.00
合计					￥500.00		￥55.00

价税合计（大写）	伍佰伍拾伍元整	（小写）￥555.00

销售方	名　　　称：大连运输公司 纳税人识别号：421101008091190 地址 、电话：大连市中山区滨海路（88158746） 开户行及账号：工行大连滨海分行 310-222-200	备注 421101008091190 发票专用章

收款人：周云　　　　复核：李飞　　　　开票人：李小红　　　　销售方：（章）

第二联：抵扣联　购买方扣税凭证

表 2-1-13-4

辽宁增值税专用发票

发票联

No 79654238

开票日期：2017 年 12 月 24 日

购买方	名　　　称：长春全有公司 纳税人识别号：680975628145541 地址 、电话：长春市黄海路 28 号（54963524） 开户行及账号：工行长春黄海路分理处 648-684-984	密码区	略

货物或应税劳务、服务名称	规格型号	单位	数量	单价	金额	税率	税额
运输费					500.00	11%	55.00
合计					￥500		￥55.00

价税合计（大写）	伍佰伍拾伍元整	（小写）￥555.00

销售方	名　　　称：大连运输公司 纳税人识别号：421101008091190 地址 、电话：大连市中山区滨海路（88158746） 开户行及账号：工行大连滨海分行 310-222-200	备注 421101008091190 发票专用章

收款人：周云　　　　复核：李飞　　　　开票人：李小红　　　　销售方：（章）

第三联：发票联　购买方记账凭证

表 2-1-14-1

中国工商银行委托收款凭证（付款通知）5　第 098572 号

委托日期　2017 年 12 月 28 日　　付款期限 2017 年 12 月 31 日

付款人	全　　称	富豪有限公司		收款人	全　　称	哈尔滨市电信局		
	账号或住址	800-500-600			账号或住址	102-226-110		
	开户银行	哈尔滨市长江路分理处			开户银行	中山路支行	行号	544

委托金额	人民币（大写）伍仟伍佰伍拾元整	亿	千	百	十	万	千	百	十	元	角
						¥	5	5	5	0	0

款项内容	电话费	委托收款凭据名称	收据	附寄单证张数	1

备注：	款项收妥日期	付款人开户银行盖章　长江路分理处 2017.12.28 转讫 2017 年 12 月 28 日
	2017 年 12 月 31 日	

单位主管：　　　　会计：　　　　复核：　　　　记账：

表 2-1-14-2

黑龙江增值税专用发票　　No 14568423

抵扣联

开票日期：2017 年 12 月 31 日

购买方	名　　称：富豪有限公司 纳税人识别号：800100200300400 地址、电话：哈尔滨市长江路 33 号（88581588） 开户行及账号：工行哈尔滨长江路分理处 800-500-600	密码区	略

货物或应税劳务、服务名称	规格型号	单位	数量	单价	金额	税率	税额
电话费					5 000.00	11%	550.00
合计					¥ 5 000.00		¥ 550.00

价税合计（大写）	伍仟伍佰伍拾元整	（小写）¥ 5 550.00

销售方	名　　称：哈尔滨市电信局 纳税人识别号：800101568049940 地址、电话：哈尔滨市中山路 123 号（83028159） 开户行及账号：工行哈尔滨中山路支行 102-226-110	备注	哈尔滨市电信局 800101568049940 发票专用章

收款人：张凤　　　复核：李洪　　　开票人：王斌　　　销售方：（章）

43

表 2-1-14-3

黑龙江增值税专用发票

No 14568423

发票联

开票日期：2017 年 12 月 31 日

购买方	名　　称：富豪有限公司							密码区	略	
	纳税人识别号：800100200300400									
	地　址、电话：哈尔滨市长江路 33 号（88581588）									
	开户行及账号：工行哈尔滨长江路分理处 800-500-600									
货物或应税劳务、服务名称	规格型号	单位	数量	单价	金额	税率	税额			
电话费					5 000.00	11%	550.00			
合计					¥ 5 000.00		¥ 550.00			
价税合计（大写）	伍仟伍佰伍拾元整					（小写）·¥ 5 550.00				
销售方	名　　称：哈尔滨市电信局							备注		
	纳税人识别号：800101568049940									
	地　址、电话：哈尔滨市中山路 123 号（83028159）									
	开户行及账号：工行哈尔滨中山路支行 102-226-110									

收款人：张凤　　　复核：李洪　　　开票人：王斌　　　销售方：（章）

第三联：发票联　购买方记账凭证

表 2-1-15-1

黑龙江增值税普通发票

No 16548623

发票联

开票日期：2017 年 12 月 31 日

购买方	名　　称：富豪有限公司							密码区	略	
	纳税人识别号：800100200300400									
	地　址、电话：哈尔滨市长江路 188 号（88581588）									
	开户行及账号：工行哈尔滨长江路分理处 800-500-600									
货物或应税劳务、服务名称	规格型号	单位	数量	单价	金额	税率	税额			
餐费					47169.80	6%	2 830.20			
合计					¥ 47 169.80		¥ 2 830.20			
价税合计（大写）	伍万元整					（小写）¥ 50 000.00				
销售方	名　　称：哈尔滨聚丰海鲜美食广场							备注		
	纳税人识别号：230101577743347									
	地　址、电话：哈尔滨市中山路 23 号（83027197）									
	开户行及账号：工行哈尔滨中山路支行 102-223-456									

收款人：张凤　　　复核：李洪　　　开票人：王斌　　　销售方：（章）

第三联：发票联　购买方记账凭证

44

表 2-1-15—2

中国工商银行（黑）

转账支票存根

№00244435

附加信息：

出票日期：*2017* 年 *12* 月 *31* 日

收 款 人：*哈尔滨聚丰海鲜美食广场*

金　　额：*¥50 000.00*

用　　途：*餐费*

单位主管：　　　会计：

表 2-1-16

工商银行对账单

户名：*富豪有限公司*　　　　　　　　　　　　　　　　　　　单位：元

2017 年		摘　要	借　方	贷　方	余　额
月	日				
12	1	上期结存			2 000 000
	1	现支 3242#	5 000		1 995 000
	3	银行汇票 8452#	500 000		1 495 000
	5	转账支票 6985#		30 000	1 525 000
	7	现金支票 3243#	299 460		1 225 540
	8	税收 5463#	540		1 225 000
	8	税收 5464#	220 000		1 005 000
	15	电汇 8321#	50 000		955 000
	24	银行汇票 8452#		27 560	982 560
	28	委收 8572#	5 550		977 010
	31	转账支票 4435#	50 000		927 010
	31	期末结余	1 130 550	57 560	927 010

四、实训用纸

本实训任务需要准备以下资料：收款凭证（6）、付款凭证（16）、转账凭证（2）、银行存款余额调节表（1）、库存现金日记账（1）、银行存款日记账（1）、总账（2）。

收 款 凭 证　　　总字第　　号

借方科目：　　　　　　　　　年　月　日　　　　　　　　字第　号

摘　要	贷方科目		金　额										记账
	总账科目	明细科目	千	百	十	万	千	百	十	元	角	分	
合　　计													

会计主管：　　　　记账：　　　　审核：　　　　出纳：　　　　制单：

附单据　　张

付 款 凭 证　　　总字第　　号

贷方科目：　　　　　　　　　年　月　日　　　　　　　　字第　号

摘　要	借方科目		金　额										记账
	总账科目	明细科目	千	百	十	万	千	百	十	元	角	分	
合　　计													

会计主管：　　　　记账：　　　　审核：　　　　出纳：　　　　制单：

附单据　　张

转 账 凭 证

总字第　　号

字第　　号

摘　要	总账科目	明细科目	借方金额										贷方金额										记账
			千	百	十	万	千	百	十	元	角	分	千	百	十	万	千	百	十	元	角	分	
合　计																							

附单据　　　张

会计主管：　　　　记账：　　　　审核：　　　　制单：

银行存款余额调节表

项目	金额	项目	金额
调节后余额		调节后余额	

库存现金日记账

年		凭证册号	摘要	借方										贷方										核对号	余额									
月	日			亿	千	百	十	万	千	百	十	元	角	分	亿	千	百	十	万	千	百	十	元	角	分		亿	千	百	十	万	千	百	十	元	角	分

银行存款日记账

年		凭证册号	摘要	凭证结算		借方											贷方										核对号	余额									
月	日			种类	号数	亿	千	百	十	万	千	百	十	元	角	分	亿	千	百	十	万	千	百	十	元	角	分		亿	千	百	十	万	千	百	十	元	角	分

总　　账

会计科目__库存现金__

年		凭证册号	摘　要	借　方										贷　方										核对号	借或贷	余　额									
月	日			亿	千	百	十	万	千	百	十	元	角	分	亿	千	百	十	万	千	百	十	元	角	分			亿	千	百	十	万	千	百	十	元	角	分

总　　账

会计科目__银行存款__

年		凭证册号	摘　要	借　方										贷　方										核对号	借或贷	余　额									
月	日			亿	千	百	十	万	千	百	十	元	角	分	亿	千	百	十	万	千	百	十	元	角	分			亿	千	百	十	万	千	百	十	元	角	分

任务二　日常往来核算

一、实训目的

通过实际操作，使学生熟悉各种日常业务的核算内容，了解材料物资及债权债务岗位的业务范围，主要掌握财产物品的收发及债权债务往来核算，以及材料物资的清点盘查和债权债务的核对，并了解各种类型账页的登记工作。

二、实训要求

1. 设置原材料、应收账款、应收票据、应付账款、预付账款总账及相应的明细账，登记期初余额。

2. 根据实际实训资料中的外来或自制的原始凭证编制记账凭证。

3. 计算材料的实际采购成本（材料发出按先进先出法核算）。

4. 根据记账凭证逐日逐笔登记明细账、总账。

5. 按日结计明细账余额，月末结明细账、总账。

6. 参与财产物资的清点盘查。

7. 进行债权债务的核对。

8. 计算提取固定资产折旧。

三、实训资料

1. 兴发公司是一家有 500 名职工的有限责任公司，注册资本 1 000 万元，主要从事机床设备生产，为增值税一般纳税人。

兴发公司 2017 年 12 月 1 日原材料余额资料见表 2-2-1：

表 2-2-1　　　　　　　　　　　原材料余额表　　　　　　　　　　金额单位：元

总账科目	二级科目	单位	数量	单价	金额
原材料	A 材料	千克	1 000	130	130 000
	B 材料	千克	1 000	50	50 000
	C 材料	千克	200	150	30 000

55

2. 本月发生有关业务如下（原始凭证）：

表 2-2-2-1

中国工商银行托收承付凭证（回单）　　1

委托日期　*2017 年 12 月 1 日*

付款人	全　　　称	阳光公司	收款人	全　　　称	兴发公司												
	账号或住址	*664-678-644*		账号或住址	*667-559-456*												
	开户银行	向阳支行		开户银行	深圳市光明路分理处行号 *667*												
托收金额	人民币（大写）*贰拾叁万陆仟元整*				亿	千	百	十	万	千	百	十	元	角	分
						¥	2	3	6	0	0	0	0	0	0

附　　件		商品发运情况	合同名称号码
附寄单证张数或册数	3	货已发出	购销合同 2056 路 工行光明路 分理处 2017.12.01 转讫
备注：		款项收妥日期	
		年　月　日	开户银行盖章　年　月　日

单位主管　　　　　会计　　　　　复核　　　　　记账

表 2-2-2-2

广东增值税专用发票　　　№ 00868765

记账联

开票日期：2017 年 12 月 1 日

购买方	名　　　称：阳光公司 纳税人识别号：541826579086543 地址、电话：长春市向阳路 28 号（84963524） 开户行及账号：工行长春向阳路分理处 664-678-644					密码区	略
货物或应税劳务、服务名称	规格型号	单位	数量	单价	金额	税率	税额
甲产品		件	400	500.00	200 000.00	17%	34 000.00
合计					¥ 200 000.00		¥ 34 000.00
价税合计（大写）	贰拾叁万肆仟元整				（小写）¥ 234 000.00		
销售方	名　　　称：兴发公司 纳税人识别号：955466258364321 地址、电话：深圳市光明路 213 号（55168543） 开户行及账号：工行深圳光明路分理处 667-559-456					备注	

收款人：李咏　　　　复核：张云　　　　开票人：周逸　　　　销售方：（章）

备注：此表需要学生填列。

表 2-2-2-3

广东增值税专用发票

No 13654238

抵扣联

开票日期：2017 年 12 月 1 日

购买方	名　　称：阳光公司 纳税人识别号：541826579086543 地址、电话：长春市黄海路 28 号（54963524） 开户行及账号：工行长春黄海路分理处 664-678-644					密码区	略		
货物或应税劳务、服务名称 运输费	规格型号	单位	数量	单价	金额 2 000.00	税率 11%	税额 220.00		
合计					￥2 000.00		￥220.00		
价税合计（大写）	贰仟贰佰贰拾元整						（小写）￥2 220.00		
销售方	名　　称：深圳运输公司 纳税人识别号：510206316453354 地址、电话：深圳宝安区东门路（88125874） 开户行及账号：工行深圳东门路支行 383-224-644					备注	510206316453354 发票专用章		

收款人：王伟　　　复核：李英　　　开票人：孙红　　　销售方：（章）

第二联：抵扣联　购买方扣税凭证

表 2-2-2-4

广东增值税专用发票

No 13654238

发票联

开票日期：2017 年 12 月 01 日

购买方	名　　称：阳光公司 纳税人识别号：541826579086543 地址、电话：长春市黄海路 28 号（54963524） 开户行及账号：工行长春黄泽路分理处 664-678-644					密码区	略		
货物或应税劳务、服务名称 运输费	规格型号	单位	数量	单价	金额 2 000.00	税率 11%	税额 220.00		
合计					￥2 000.00		￥220.00		
价税合计（大写）	贰仟贰佰贰拾元整						（小写）￥2 220.00		
销售方	名　　称：深圳运输公司 纳税人识别号：510206316453354 地址、电话：深圳宝安区东门路（88125874） 开户行及账号：工行深圳东门路支行 383-224-644					备注	510206316453354 发票专用章		

收款人：王伟　　　复核：李英　　　开票人：孙红　　　销售方：（章）

第三联：发票联　购买方记账凭证

表 2-2-2-5

中国工商银行（粤） **转账支票存根** № 02435141
附加信息：
出票日期：*2017 年 12 月 1 日*
收 款 人：深圳运输公司
金　　额：¥2 200.00
用　　途：整运费
单位主管：　　　会计：

表 2-2-3-1

材料验收入库单

2017 年 12 月 2 日

供应单位：西南公司

材料类别	材料名称	单位	数量	实收数量	单价	金额
101	C 材料	千克	500	500		
合　计			500	500		

仓库主管：张亮　　材料会计：余姚　　收料员：王菊花　　经办人：李林　　制单：孙洁

第二联：记账联

58

表 2-2-3-2

广东增值税专用发票

抵扣联

№ 67251789

开票日期：2017 年 12 月 2 日

购买方	名　称：兴发公司 纳税人识别号：955466258364321 地址、电话：深圳市光明路 213 号（55168543） 开户行及账号：工行深圳光明路分理处 667-559-456					密码区		略
货物或应税劳务、服务名称	规格型号	单位	数量	单价	金额	税率	税额
C 材料		千克	500	120.00	60 000.00	17%	10 200.00
合计					￥60 000.00		￥10 200.00
价税合计（大写）		柒万零贰佰元整				（小写）￥70 200.00
销售方	名　称：西南公司 纳税人识别号：256845951257654 地址、电话：深圳市西南路 33 号（55197720） 开户行及账号：工行深圳西南路分理处 554-555-445					备注	256845951257654 发票专用章

收款人：付杨　　复核：李胜　　开票人：吴韵　　销售方：（章）

第二联：抵扣联　购买方扣税凭证

表 2-2-3-3

广东增值税专用发票

发票联

№ 67251789

开票日期：2017 年 12 月 2 日

购买方	名　称：兴发公司 纳税人识别号：955466258364321 地址、电话：深圳市光明路 213 号（55168543） 开户行及账号：工行深圳光明路分理处 667-559-456					密码区		略
货物或应税劳务、服务名称	规格型号	单位	数量	单价	金额	税率	税额
C 材料		千克	500	120.00	60 000.00	17%	10 200.00
合计					￥60 000.00		￥10 200.00
价税合计（大写）		柒万零贰佰元整				（小写）￥70 200.00
销售方	名　称：西南公司 纳税人识别号：256845951257654 地址、电话：深圳市西南路 33 号（55197720） 开户行及账号：工行深圳西南路分理处 554-555-445					备注	256845951257654 发票专用章

收款人：付杨　　复核：李胜　　开票人：吴韵　　销售方：（章）

第三联：发票联　购买方记账凭证

表 2-2-3-4

<table>
<tr><td colspan="2" style="text-align:center">中国工商银行（粤）
转账支票存根
№ 02435142</td></tr>
<tr><td colspan="2">附加信息：</td></tr>
<tr><td colspan="2">出票日期：2017 年 12 月 2 日</td></tr>
<tr><td colspan="2">收　款　人：西南公司</td></tr>
<tr><td colspan="2">金　　额：¥70 200.00</td></tr>
<tr><td colspan="2">用　　途：购 C 材料</td></tr>
<tr><td>单位主管：</td><td>会计：</td></tr>
</table>

表 2-2-4-1

辽宁增值税专用发票　　　　№ 00563201

抵扣联

开票日期：2017 年 12 月 8 日

购买方	名　　称：兴发公司 纳税人识别号：955466258364321 地　址、电话：深圳市光明路 213 号（55168543） 开户行及账号：工行深圳光明路分理处 667-559-456	密码区	略

货物或应税劳务、服务名称	规格型号	单位	数量	单价	金额	税率	税额
A 材料		千克	500	140.00	70 000.00	17%	11 900.00
合计					¥ 70 000.00		¥ 11 900.00

价税合计（大写）	捌万壹仟玖佰元整		（小写）　¥ 81 900.00

销售方	名　　称：海信公司 纳税人识别号：338893271954123 地　址、电话：大连市海信路 521 号（55231155） 开户行及账号：工行大连海信路分理处 466-743-322	备注	338893271954123 发票专用章

收款人：杨叶　　　复核：李优　　　开票人：周芳　　　销售方：（章）

第二联：抵扣联　购买方扣税凭证

表 2-2-4-2

辽宁增值税专用发票

发票联

No 00563201

开票日期：2017 年 12 月 8 日

| 购买方 | 名　　称：兴发公司
纳税人识别号：955466258364321
地址、电话：深圳市光明路213号（55168543）
开户行及账号：工行深圳光明路分理处 667-559-456 | | | | 密码区 | | 略 | |

货物或应税劳务、服务名称	规格型号	单位	数量	单价	金额	税率	税额
A 材料		千克	500	140.00	70 000.00	17%	11 900.00
合计					¥70 000.00		¥11 900.00

价税合计（大写）	捌万壹仟玖佰元整	（小写）¥81 900.00

| 销售方 | 名　　称：海信公司
纳税人识别号：338893271954123
地址、电话：大连市海信路521号（55231155）
开户行及账号：工行大连海信路分理处 466-743-322 | 备注 | 338893271954123
发票专用章 |

收款人：杨叶　　　复核：李优　　　开票人：周芳　　　销售方：（章）

表 2-2-4-3

中国工商银行电汇凭证（回单）　1

委托日期　*2017* 年 *12* 月 *8* 日　　　　第 008321 号

汇款人	全　称	*兴发公司*			收款人	全　称	*海信公司*		
	账号或住址	*667-559-456*				账号或住址	*466-743-322*		
	汇出地点	广东省深圳市县	汇出行名称	光明路分理处		汇入地点	辽宁省大连市县	汇入行名称	海信路分理处

金额	人民币（大写）捌万壹仟玖佰元整	亿	千	百	十	万	千	百	十	元	角	分
				¥	8	1	9	0	0	0	0	0

汇款用途：购货	汇出行盖章 中国工商银行深圳 光明路分理处 2017.12.08 收讫
单位主管　会计　复核　记账	年　月　日

表 2-2-5-1

广东增值税专用发票

抵扣联

№ 00542321

开票日期：2017 年 12 月 12 日

购买方	名　　　称：兴发公司
	纳税人识别号：955466258364321
	地址 、电话：深圳市光明路 213 号（55168543）
	开户行及账号：工行深圳光明路分理处 667-559-456

密码区　　略

货物或应税劳务、服用名称	规格型号	单位	数量	单价	金额	税率	税额
电脑		台	10	7 000.00	70 000.00	17%	11 900.00
合计					¥70 000.00		¥11 900.00

| 价税合计（大写） | 捌万壹仟玖佰元整 | （小写）¥81 900.00 |

销售方	名　　　称：联想电脑公司
	纳税人识别号：685412892541234
	地址 、电话：深圳市阳泉路 43 号（44257790）
	开户行及账号：工行深圳阳泉路分理处 551-554-227

备注　685412892541234 发票专用章

收款人：余航　　　复核：尤勇　　　开票人：李东　　　销售方：（章）

表 2-2-5-2

广东增值税专用发票

发票联

№ 00542321

开票日期：2017 年 12 月 12 日

购买方	名　　　称：兴发公司
	纳税人识别号：955466258364321
	地址 、电话：深圳市光明路 213 号（55168543）
	开户行及账号：工行深圳光明路分理处 667-559-456

密码区　　略

货物或应税劳务、服务名称	规格型号	单位	数量	单价	金额	税率	税额
电脑		台	10	7 000.00	70 000.00	17%	11 900.00
合计					¥70 000.00		¥11 900.00

| 价税合计（大写） | 捌万壹仟玖佰元整 | （小写）¥81 900.00 |

销售方	名　　　称：联想电脑公司
	纳税人识别号：685412892541234
	地址 、电话：深圳市阳泉路 43 号（44257790）
	开户行及账号：工行深圳阳泉路分理处 551-554-227

备注　685412892541234 发票专用章

收款人：余航　　　复核：尤勇　　　开票人：李东　　　销售方：（章）

表 2-2-5-3

固定资产验收入库单

供应单位：联想电脑公司　　　　　　2017 年 12 月 12 日

固定资产类别	固定资产名称	单位	数量	单价	金额
101	电脑	台	10		
合　　计					

验收：汪洋　　　　　　经办人：何慧　　　　　　制单：孙洁

备注：此表需要学生填列。

表 2-2-5-4

中国工商银行（粤）

转账支票存根

№ 02435143

附加信息：

出票日期：*2017 年 12 月 12 日*	
收　款　人：联想电脑公司	
金　　　额：￥81 900.00	
用　　　途：购电脑	
单位主管：　　　　会计：	

表 2-2-6

中国工商银行借款凭证

2017 年 12 月 13 日

银行编号：498752

贷款单位	兴发公司	贷款申请书编号			2564			贷款利率		7%	存款账号		667-559-456
贷款金额	伍 拾 万 元整	十万	千	百	十	元	角	分	还款日期		2018 年 6 月 13 日		
		5	0	0	0	0	0	0	0				
银行核定金　额	人民币（大写）伍拾万元整						银行核定还款日期				2018 年 6 月 13 日		
							银行实际放款日期				2017 年 12 月 13 日		

单位：工行深圳光明路分理处　　　记账：杨泉　　　复核：曹玉　　　制单：尹红

表 2-2-7

材料验收入库单

供应单位：海信公司　　　　　　　2017 年 12 月 15 日

材料类别	材料名称	单位	数量	实收数量	单价	金额
101	A 材料	千克	500	500		
	合　计		500	500		

仓库主管：张亮　　材料会计：余姚　　收料员：王菊花　　经办人：李林　　制单：孙浩

备注：此表需要学生填列。

表 2-2-8-1

中国工商银行信汇凭证（收账通知）　②

委托日期　2017 年 12 月 17 日　　　　　　第 6572 号

汇款人	全　称	美华公司			收款人	全　称	兴发公司		
	账　号或住址	578-998-557				账　号或住址	667-559-456		
	汇　出地　点	山东省青岛市　县	汇出行名　称	青岛支行		汇　入地　点	广东省深圳市　县	汇入行名　称	光明路分理处

金额	人民币（大写）伍万元整		亿	千	百	十	万	千	百	十	元	角	分
							¥	5	0	0	0	0	0	0

汇款用途：预付购货款　　　　　　汇出行盖章

中国工商银行青岛市
青岛支行
2017.12.17
收讫

单位主管　会计　复核　记账　　　　　　　　　　年　月　日

表 2-2-8-2

收　据

2017 年 12 月 17 日

今　　收　　到：美华公司

人民币（大写）：伍万元整　　　　　　　　　　　　　　　　　¥50 000.00

收款事由：预付购货款

收款单位：兴发公司　　　　　　　　　　　　　　　　　收款人：吴宇

表 2-2-9-1

广东增值税专用发票　№ 00869123

记账联

开票日期：2017 年 12 月 20 日

购买方	名　称：信恒公司								密码区		略	
	纳税人识别号：577433257754567											
	地址、电话：深圳市锦绣路 55 号（44562675）											
	开户行及账号：工行深圳锦绣路分理处 868-443-325											

货物或应税劳务、服务名称	规格型号	单位	数量	单价	金额	税率	税额
乙产品		件	500	400.00	200 000.00	17%	34 000.00
合计					￥200 000.00		￥34 000.00

价税合计（大写）	贰拾叁万肆仟元整	（小写）￥234 000.00

销售方	名　称：兴发公司	备注
	纳税人识别号：955466258364321	
	地址、电话：深圳市光明路 213 号（55168543）	
	开户行及账号：工行深圳光明路分理处 667-559-456	

收款人：李咏　　复核：张云　　开票人：周逸　　销售方：（章）

表 2-2-9-2

商业承兑汇票　2

出票日期　贰零壹柒年壹拾贰月贰拾日　　　　第 5973 号

付款人	全　称	信恒公司			收款人	全　称	兴发公司		
	账号或住址	868-443-325				账号或住址	667-559-456		
	汇出地点	广东省深圳市县	汇出行名称	锦绣路分理处		汇入地点	广东省深圳市县	汇入行名称	光明路分理处

出票金额	人民币（大写）贰拾叁万肆仟元整	亿	千	百	十	万	千	百	十	元	角	分
				￥	2	3	4	0	0	0	0	0

汇票到期日	2018 年 3 月 20 日	交易合同号码	2568

本汇票已经承兑，到期无条件支付票款	本汇票请予以承兑于到期日付款
承兑人签章	汇票专用章　2017.12.20
财务专用章	
承兑日期 2018 年 3 月 20 日	出票人签章

65

表 2-2-10

固定资产报废单

2017 年 12 月 21 日

制单：陈剑

金额单位：元

名称编号	规格序号	单位	数量	预计使用年限	已使用年限	原值	已提折旧	备注
Bu-8 台		台	1	12	10	600 000	500 000	提减值 20 000 元
报废原因			机器陈旧＼无法使用					
使用部门	技术鉴定			管理部门		主管部门		
生产车间	机器陈旧＼精度差			同意报废		同意报废		

表 2-2-11

材料出库单

领料单位：胜利公司

用　途：委托加工为 b 材料

2017 年 12 月 22 日

材料类别	材料名称	单位	数量		单价	金额	备注
			请领	实领			
主要材料	A 材料	千克	1 000	1 000			
合　计			1 000	1 000			

仓库主管：张亮　　　材料会计：余姚　　　领料员：李荷　　　经办人：何林　　　制单：孙洁

备注：此表需要学生填列。

表 2-2-12-1

广东增值税专用发票

No 72344238

抵扣联

开票日期：2017 年 12 月 23 日

购买方	名　　称：兴发公司 纳税人识别号：955466258364321 地址、电话：深圳市光明路 213 号（55168543） 开户行及账号：工行深圳光明路分理处 667-559-456	密码区	略

货物或应税劳务、服务名称	规格型号	单位	数量	单价	金额	税率	税额
运输费					1 500.00	11%	165.00
合计					¥1 500.00		¥165.00

价税合计（大写）	壹仟陆佰陆拾伍元整	（小写）¥1 665.00

销售方	名　　称：深圳运输公司 纳税人识别号：510206316453354 地址、电话：深圳宝安区东门路（88125874） 开户行及账号：工行深圳东门路支行 383-224-644	备注	510206316453354 发票专用章

收款人：祁宠　　　复核：李英　　　开票人：孙红　　　销售方：（章）

表 2-2-12-2

广东增值税专用发票

No 72344238

发票联

开票日期：2017 年 12 月 23 日

购买方	名　　　称：兴发公司 纳税人识别号：955466258364321 地　址、电话：深圳市光明路 213 号（55168543） 开户行及账号：工行深圳光明路分理处 667-559-456	密码区	略

货物或应税劳务、服务名称	规格型号	单位	数量	单价	金额	税率	税额
运输费					1 500.00	11%	165.00
合计					¥1 500.00		¥165.00

价税合计（大写）	壹仟陆佰陆拾伍元整	（小写）¥1 665.00

销售方	名　　　称：深圳运输公司 纳税人识别号：510206316453354 地　址、电话：深圳宝安区东门路（88125874） 开户行及账号：工行深圳东门路支行 383-224-644	备注	深圳运输公司 510206316453354 发票专用章

收款人：祁宏　　　复核：李英　　　开票人：孙红　　　销售方：（章）

第三联：发票联　购买方记账凭证

表 2-2-12-3

中国工商银行（粤）
转账支票存根

No 02435144

附加信息：

出票日期：2017 年 12 月 23 日

收款人：深圳运输公司

金　额：¥1 665.00

用　途：报废机器运输费

单位主管：　　　会计：

表 2-2-13-1

收　据

2017 年 12 月 24 日

今　收　到：王伟

人民币（大写）：捌佰元整　　　　　　　　　¥800.00

收款事由：废旧机器清理收入

收款单位：兴发公司　　　　　　　　　　收款人：李莉

表 2-2-13-2

固定资产清理损益报告单

编报单位：**生产车间**　　　　　　*2017* 年 *12* 月 *25* 日　　　　　　单位：元

固定资产	借方发生额	贷方发生额	应结转差额	
			借方	贷方
Bu-8 台				

备注：此表需要学生填列。

表 2-2-14-1

广东增值税专用发票

No 09854012

抵扣联

开票日期：2017 年 12 月 26 日

购买方	名　　称：兴发公司 纳税人识别号：955466258364321 地址 、电话：深圳市光明路 213 号（55168543） 开户行及账号：工行深圳光明路分理处 667-559-456					密码区		略	
货物或应税劳务、服务名称	规格型号	单位	数量	单价	金额	税率	税额	
加工费		千克	400	10.00	4 000.00	17%	680.00	
合计					￥4 000.00		￥680.00	
价税合计（大写）	肆仟陆佰捌拾元整					（小写）￥4 680.00		
销售方	名　　称：胜利公司 纳税人识别号：566265897778765 地址 、电话：深圳市大直路 65 号（56854432） 开户行及账号：工行深圳大直路分理处 562-214-547					备注	566265897778765 发票专用章		

第二联：抵扣联　购买方扣税凭证

收款人：刘爽　　　复核：王涯　　　开票人：李扬　　　销售方：（章）

表 2-2-14-2

广东增值税专用发票

No 09854012

发票联

开票日期：2017 年 12 月 26 日

购买方	名　　称：兴发公司 纳税人识别号：955466258364321 地址 、电话：深圳市光明路 213 号（55168543） 开户行及账号：工行深圳光明路分理处 667-559-456					密码区		略	
货物或应税劳务、服务名称	规格型号	单位	数量	单价	金额	税率	税额	
加工费		千克	400	10.00	4 000.00	17%	680.00	
合计					￥4 000.00		￥680.00	
价税合计（大写）	肆仟陆佰捌拾元整					（小写）￥4 680.00		
销售方	名　　称：胜利公司 纳税人识别号：566265897778765 地址 、电话：深圳市大直路 65 号（56854432） 开户行及账号：工行深圳大直路分理处 562-214-547					备注	566265897778765 发票专用章		

第三联：发票联　购买方记账凭证

收款人：刘爽　　　复核：王涯　　　开票人：李扬　　　销售方：（章）

68

表 2-2-14-3

中国工商银行（粤）
转账支票存根
№ 02435145

附加信息：
出票日期：*2017 年 12 月 26 日*
收 款 人：*胜利公司*
金　　额：*¥4 680.00*
用　　途：*B 材料加工费*
单位主管：　　会计：

表 2-2-15

材料验收入库单
2017 年 12 月 26 日

供应单位：*胜利公司*

材料类别	材料名称	单位	数量	实收数量	单价	金额
101	*B 材料*	*千克*	*1 000*	*1 000*		
合　　计			*1 000*	*1 000*		

仓库主管：*张亮*　　材料会计：*余姚*　　收料员：*王菊花*　　经办人：*李林*　　制单：*孙浩*

备注：此表需要学生填列。

表 2-2-16

中国工商银行进账单（回单）　1
2017 年 12 月 28 日　　　　　　　第 0056985 号

付款人	全　称	*华晨公司*	收款人	全　称	*兴发公司*									
	账　号	*854-668-951*		账　号	*667-559-456*									
	开户银行	*工行深圳分行*		开户银行	*深圳市光明路分理处*									
金额	人民币（大写）*捌万元整*			亿	千	百	十	万	千	百	十	元	角	分
						¥8	*0*	*0*	*0*	*0*	*0*	*0*	*0*
票据种类	*转账支票*													
票据张数	*1*													
复核　　记账				开户银行签章										

工行光明路
分理处
2017.12.28
转讫

备注：已作坏账处理。

69

表 2-2-17-1

广东增值税专用发票

抵扣联

No 09854123

开票日期：2017 年 12 月 29 日

购买方	名　　称：兴发公司
	纳税人识别号：955466258364321
	地址、电话：深圳市光明路 213 号（55168543）
	开户行及账号：工行深圳光明路分理处 667-559-456

密码区　　略

货物或应税劳务、服务名称	规格型号	单位	数量	单价	金额	税率	税额
木箱		只	1 000	12.00	12 000.00	17%	2 040.00
合计					￥12 000.00		￥2 040.00

| 价税合计（大写） | 壹万肆仟零肆拾元整 | （小写）￥14 040.00 |

销售方	名　　称：胜利公司
	纳税人识别号：566265897778765
	地址、电话：深圳市大直路 65 号（56854432）
	开户行及账号：工行深圳大直路分理处 562-214-547

备注　566265897778765　发票专用章

收款人：刘爽　　复核：于涯　　开票人：李扬　　销售方：（章）

第二联：抵扣联　购买方扣税凭证

表 2-2-17-2

广东增值税专用发票

发票联

No 09854123

开票日期：2017 年 12 月 29 日

购买方	名　　称：兴发公司
	纳税人识别号：955466258364321
	地址、电话：深圳市光明路 213 号（55168543）
	开户行及账号：工行深圳光明路分理处 667-559-456

密码区　　略

货物或应税劳务、服务名称	规格型号	单位	数量	单价	金额	税率	税额
木箱		只	1 000	12.00	12 000.00	17%	2 040.00
合计					￥12 000.00		￥2 040.00

| 价税合计（大写） | 壹万肆仟零肆拾元整 | （小写）￥14 040.00 |

销售方	名　　称：胜利公司
	纳税人识别号：566265897778765
	地址、电话：深圳市大直路 65 号（56854432）
	开户行及账号：工行深圳大直路分理处 562-214-547

备注　566265897778765　发票专用章

收款人：刘爽　　复核：王涯　　开票人：李扬　　销售方：（章）

第三联：发票联　购买方记账凭证

表 2-2-17-3

材料验收入库单

供应单位：**胜利公司**　　　　　　*2017 年 12 月 29 日*

材料类别	材料名称	单位	数量	实收数量	单价	金额
周转材料	木箱	只	1 000	1 000		
合　计			1 000	1 000		

仓库主管：**张亮**　　　材料会计：**余姚**　　　收料员：**王菊花**　　　经办人：**李林**　　　制单：**孙洁**

　　备注：此表需要学生填列。

表 2-2-18

材料出库单

领料单位：**一车间**

用　　途：**包装甲产品**　　　　　　*2017 年 12 月 30 日*

材料类别	材料名称	单位	数　量		单价	金额	备注
			请领	实领			
周转材料	木箱	只	500	500			
合　计			500	500			

仓库主管：**张亮**　　　材料会计：**余姚**　　　领料员：**杨柳**　　　经办人：**何林**　　　制单：**孙洁**

　　备注：此表需要学生填列，周转材料采用一次摊销法。

表 2-2-19

材料盘盈盘亏报告单

部门：**材料仓库**　　　　　　*2017 年 12 月 30 日*

编号	品名规格	单位	账面数量	实存数量	盘盈		盘亏		原　因
					数量	金额	数量	金额	
A 材料		千克			5				原因待查
B 材料		千克					8		水　灾
C 材料		千克					6		自然损耗
处理意见		保管部门		清查小组			审批部门		
		水灾所致，保险公司应予赔偿50%		同意保管部门意见			物资科		

供应部门负责人：**张三丰**　　　保管：**芳华雨**　　　清点人：**李冰**

　　备注：此表需要学生填列。

四、实训用纸

本实训任务需要准备以下资料：收款凭证（4）、付款凭证（6）、转账凭证（14）、总账（5）、明细账（4）、材料明细账（3）。

收 款 凭 证   总字第   号

借方科目：　　　　　　　　　　　　年　月　日　　　　　　　　　　字第　号

摘　要	贷方科目		金　额										记账
	总账科目	明细科目	千	百	十	万	千	百	十	元	角	分	
合　计													

附单据　张

会计主管：　　　记账：　　　审核：　　　出纳：　　　制单：

付 款 凭 证   总字第   号

贷方科目：　　　　　　　　　　　　年　月　日　　　　　　　　　　字第　号

摘　要	借方科目		金　额										记账
	总账科目	明细科目	千	百	十	万	千	百	十	元	角	分	
合　计													

附单据　张

会计主管：　　　记账：　　　审核：　　　出纳：　　　制单：

转 账 凭 证   总字第   号

年　月　日　　　　　　　　　　字第　号

摘　要	总账科目	明细科目	借方金额										贷方金额										记账
			千	百	十	万	千	百	十	元	角	分	千	百	十	万	千	百	十	元	角	分	
合　计																							

附单据　张

会计主管：　　　记账：　　　审核：　　　制单：

总　账

会计科目　　预付账款

年		凭证册号	摘要	借方											贷方											核对号	借或贷	余额										
月	日			亿	千	百	十	万	千	百	十	元	角	分	亿	千	百	十	万	千	百	十	元	角	分			亿	千	百	十	万	千	百	十	元	角	分

明细账

会计科目　　_____

年		凭证册号	摘要	借方											贷方											核对号	借或贷	余额										
月	日			亿	千	百	十	万	千	百	十	元	角	分	亿	千	百	十	万	千	百	十	元	角	分			亿	千	百	十	万	千	百	十	元	角	分

材料明细账

编　　号：_____　　　　　　　　　　　　　　　　　总　页：_____

材料名称：_____　规　格：_____　单　位：_____　　　分　页：_____

年		凭证册号	摘　要	收　入			付　出			结　余		
月	日			数量	单价	金额	数量	单价	金额	数量	单价	金额

任务三　　长期资产操作

一、实训目的

通过实际操作，使学生了解长期资产的特点，掌握固定资产、无形资产和其他长期资产的核算程序和方法。

二、实训要求

1. 进行固定资产的分类与计价，对固定资产进行分类编号，设立固定资产明细卡片。
2. 依据各项经济业务，编制有关记账凭证。
3. 根据会计凭证登记固定资产明细账，定期进行核对，做到账、卡、物相符。
4. 编制固定资产折旧计提表，编制记账凭证，登记有关账簿。
5. 掌握固定资产清查的方法，编制固定资产盘盈、盘亏报告表。
6. 正确核算在建工程成本。

三、实训资料

长江电机厂是一家股份制企业，注册资本 80 000 万元，主要从事大中型发电设备、大中型交直流电机及配套控制设备的生产，为增值税一般纳税人。

2017 年 12 月发生下列业务：

表 2-3-1-1

融资租赁协议

租入单位：长江电机厂

租出单位：北京市房地产集团公司

租赁项目：办公楼一栋。

租赁方式及租赁时间：采取融资租赁方式，起止时间为 2017 年 12 月 1 日至 2027 年 12 月 1 日。

租赁费：合计 1 505 000 元（其中租金 1 000 000 元，按年利率 5% 计算 10 年利息 500 000 元，按租金的 0.5% 计手续费 5 000 元）。

租赁费支付方式：利息及租赁费 10 年内付清，按年支付，手续费即时结清。

租入单位：　　　　　　　　租出单位：

2017 年 12 月 1 日

表 2-3-1-2

固定资产融资移交使用单

租入单位：长江电机厂

租出单位：北京市房产集团公司　　　2017 年 12 月 1 日　　　　　　　　　金额单位：元

名称	规格型号	单位	数量	房屋价款	其他金额		全部支出	预计使用年限	备注
					利息	手续费			
办公楼		栋	1	1 000 000	500 000	5 000	1 505 000	30	已验收
合　计			1	1 000 000	500 000	5 000	1 505 000		
附属设备									

租入单位主管：张亮　租入单位（公章）：　租出单位主管：李梦　租出单位（公章）：　制单：李贺

表 2-3-1-3

```
中国工商银行（京）

转账支票存根

No01956311

附加信息：
───────────────────
出票日期：2017 年 12 月 1 日
收 款 人：北京市房地产集团公司
金　　额：￥5 000.00
用　　途：支付手续费
单位主管：　　　会计：
```

表 2-3-2-1

中国工商银行信汇凭证（回单）　　①

委托日期 2017 年 12 月 2 日　　　　　　　　　　　第 301 号

汇款人	全　称	长江电机厂				收款人	全　称	青岛天美空调厂										
	账号或住址	657-559-456					账　号	466-743-322										
	汇出地点	省北京市县	汇出行名称	王冠路分理处			汇入地点	山东省青岛市县	汇入行名称	股东路分理处								
金额	人民币（大写）肆万玖仟零贰拾元整						亿	千	百	十	万	千	百	十	元	角	分
									￥	4	9	0	2	0	0	0	0
汇款用途：购货						汇出行盖章		中国工商银行北京市 王冠路分理处 2017.12.02 收讫 年 月 日									
单位主管　会计　复核　记账																	

第一联：此联是汇出行交给汇款人的回单

表 2-3-2-2

山东增值税专用发票

抵扣联

№ 64878756

开票日期：2017 年 12 月 2 日

购买方	名　　　称：长江电机厂 纳税人识别号：358496215428567 地址、电话：北京市王冠路 28 号（54963524） 开户行及账号：工行北京王冠路分理处 657-559-456	密码区	略

货物或应税劳务、服务名称	规格型号	单位	数量	单价	金额	税率	税额
VTI 型空调		台	1	40 000.00	40 000.00	17%	6 800.00
合计					￥40 000.00		￥6 800.00

价税合计（大写）	肆万陆仟捌佰元整	（小写）￥46 800.00

销售方	名　　　称：青岛天美空调厂 纳税人识别号：954871265031234 地址、电话：青岛市胶东路 213 号（55168543） 开户行及账号：工行青岛胶东路分理处 466-743-322	备注	954871265031234 发票专用章

收款人：李萌　　　复核：张云西　　　开票人：周逸淼　　　销售方：（章）

第二联：抵扣联　购买方扣税凭证

表 2-3-2-3

山东增值税专用发票

发票联

№ 64878756

开票日期：2017 年 12 月 2 日

购买方	名　　　称：长江电机厂 纳税人识别号：358496215428567 地址、电话：北京市王冠路 28 号（54963524） 开户行及账号：工行北京王冠路分理处 657-559-456	密码区	略

货物或应税劳务、服务名称	规格型号	单位	数量	单价	金额	税率	税额
VTI 型空调		台	1	40 000.00	40 000.00	17%	6 800.00
合计					￥40 000.00		￥6 800.00

价税合计（大写）	肆万陆仟捌佰元整	（小写）￥46 800.00

销售方	名　　　称：青岛天美空调厂 纳税人识别号：954871265031234 地址、电话：青岛市胶东路 213 号（55168543） 开户行及账号：工行青岛胶东路分理处 466-743-322	备注	954871265031234 发票专用章

收款人：李萌　　　复核：张云西　　　开票人：周逸淼　　　销售方：（章）

第三联：发票联　购买方记账凭证

表 2-3-2-4

山东增值税专用发票

抵扣联

№ 23423434

开票日期：2017 年 12 月 2 日

| 购买方 | 名　　　称：长江电机厂
纳税人识别号：358496215428567
地　址、电话：北京市王冠路 28 号（54963524）
开户行及账号：工行北京王冠路分理处 657-559-456 | | | | | | 密码区 | 略 | |

货物或应税劳务、服务名称	规格型号	单位	数量	单价	金额	税率	税额
运输费					2 000.00	11%	220.00
合计					¥2 000.00		¥220.00

价税合计（大写）	贰仟贰佰贰拾元整	（小写）¥2 220.00

| 销售方 | 名　　　称：青岛运输公司
纳税人识别号：954820635345543
地　址、电话：青岛市胶东路 13 号（55162345）
开户行及账号：工行青岛胶东路分理处 446-743-322 |

收款人：王一　　　　复核：张力　　　　开票人：杨红　　　　销售方：（章）

第二联：抵扣联　购买方扣税凭证

表 2-3-2-5

山东增值税专用发票

发票联

№ 23423434

开票日期：2017 年 12 月 2 日

| 购买方 | 名　　　称：长江电机厂
纳税人识别号：358496215428567
地　址、电话：北京市王冠路 28 号（54963524）
开户行及账号：工行北京王冠路分理处 657-559-456 | | | | | | 密码区 | 略 | |

货物或应税劳务、服务名称	规格型号	单位	数量	单价	金额	税率	税额
运输费					2 000.00	11%	220.00
合计					¥2 000.00		¥220.00

价税合计（大写）	贰仟贰佰贰拾元整	（小写）¥2 220.00

| 销售方 | 名　　　称：青岛运输公司
纳税人识别号：954820635345543
地　址、电话：青岛市胶东路 13 号（55162345）
开户行及账号：工行青岛胶东路分理处 446-743-322 | 备注 |

收款人：王一　　　　复核：张力　　　　开票人：杨红　　　　销售方：（章）

第三联：发票联　购买方记账凭证

安装合同

表 2-3-2-6

长江电机厂（发包单位）与风云安装公司（承包单位）签订的安装工程合同简要摘录如下：

一、工程名称：空调设备

二、工程地点：生产车间

三、承包形式：承包方包工，发包方包料

四、工程开工竣工时间：2017 年 12 月 5 日至 12 月 15 日

五、工程质量标准：以国家技术规范为准

六、其他协作事项：

1. 发包单位，供应安装材料，并提供说明书和图样。

2. 承包单位，竣工时一次结算安装承包费，如违反合同要求，则给予一定的处罚。

（其余条款略）

发包单位：长江电机厂　　　　　　　　　　承包单位：风云安装公司

负责人：丁晗　　　　　　　　　　　　　　负责人：陈源

　　　　　　　　　　　　　　　　　　　　　　2017 年 12 月 4 日

表 2-3-3-1

中国工商银行（京）
转账支票存根
No01956312
附加信息：
出票日期：*2017 年 12 月 4 日*
收 款 人：**北京市国土资源厅**
金　　额：**¥5 000 000.00**
用　　途：**购入土地使用权**
单位主管：　　　　会计：

表 2-3-3-2

土地使用权转让协议

转入单位：长江电机厂　　　　　　　　　　　　　转让单位：北京市国土资源厅

转让时间：2017 年 12 月 4 日　　　　　　　　　　项目：土地使用权 50 年

价款及付款方式：价值 5 000 000 元，价款一次付清，方可取得使用权。

北京市国土资源厅

签订协议时间：2017 年 12 月 4 日

表 2-3-3-3

无形资产拨入单

类别：无形资产

编号：0201　　　　　　　　　2017 年 12 月 4 日　　　　　　　　金额单位：元

名　称	单　位	数　量	单　价	金　额	备　注
土地使用权	亩	10	500 000	5 000 000	取得使用权 50 年
合　计				5 000 000	

第二联：记账联

购入单位：长江电机厂　　　　　转出单位：北京市国土资源厅　　　　制单：李陵

表 2-3-4

材 料 出 库 单

领料单位：风云安装公司

用　途：安装空调　　　　　　　2017 年 12 月 6 日

材料类别	材料名称	单　位	数　量		单　价	金　额	备　注
			请领	实领			
原材料	甲材料	吨	4	4	400	1 600	
原材料	乙材料	吨	2	2	180	360	
合　计						1 960	

第二联：记账联

仓库主管：杨爽　　　材料会计：谢丽　　　领料员：何雨　　　经办人：李乐　　　制单：赵云

表 2-3-5-1

投资协议书

投出单位：实达有限公司

投入单位：长江电机厂

……

第三，实达有限公司向长江电机厂投入发电机组一台，账面原值为 35 万元，经评估确认为 30 万元，作为投资额。

第四，实达有限公司投资后占长江电机厂新注册资本 10% 的份额。

第五，实达有限公司必须在 2017 年 12 月 7 日前将该发电机组交付长江电机厂使用。

……

表 2-3-5-2

投入固定资产验收单

金额单位：万元

2017 年 12 月 7 日

编号：003

固定资产名称	规格型号	单位	数量	预计使用年限	尚可使用年限	投出单位账面价值			评估净值	备注
						原值	已提折旧	净值		
发电机组	2 000 千瓦	台	1	10	8	35	7	28	30	已验收
合　计						35	7	28	30	
投资人		实达有限公司								

租入单位主管：张亮　租入单位（公章）：　租出单位主管：李梦　租出单位（公章）：　制单：李贺

表 2-3-6-1

中国工商银行进账单（回单）　1

2017 年 12 月 8 日

第 0056985 号

付款人	全　　称	华晨公司	收款人	全　　称	长江电机厂
	账　　号	854-668-951		账　　号	657-559-456
	汇出地点	北京市紫竹院路分理处		开户银行	北京市王冠路分理处

金额	人民币（大写）　捌万元整	亿	千	百	十	万	千	百	十	元	角	分
					¥	8	0	0	0	0	0	0

票据种类	转账支票
票据张数	1

工行王冠路
分理处
2017.12.08
转讫

开户银行签章

复核　　记账

此联是开户银行交给收款人的回单

表 2-3-6-2

无形资产转让拨出单

受让单位：华晨公司

转让单位：长江电机厂　　　　2017 年 12 月 8 日　　　　金额单位：元

名称	单位	数量	单价	已摊销额	账面净值	评估确认价值	应交增值税	转让净损益	备注
D 商标	项	1	90 000	20 000	70 000	80 000	4 800		转让
合　计				20 000	70 000	80 000	4 800		

转入单位主管：杨爽　转入单位（公章）：　转出单位主管：李梦　转出单位（公章）：　制单：何亮

备注：此表需要学生填列。

第二联：记账联

表 2-3-7-1

中国工商银行（京）
转账支票存根
№ 01956313

附加信息：

出票日期：*2017* 年 *12* 月 *9* 日

收款人：*江海证券公司*

金　　额：*¥156 000.00*

用　　途：*购买股票*

单位主管：　　　会计：

表 2-3-7-2

有价证券交易凭证

客户：*长江电机厂*　　　　　　*2017* 年 *12* 月 *9* 日　　　　　　发行单位：*罗牛山*

证券名称及性质	数量	面额		结算金额		手续费	结算合计
		单位面额	合计	单价	金额		
普通股	*30 000*	*1 元/股*	*30 000*	*5 元/股*	*150 000*	*6 000*	*156 000*
人民币（大写）		*壹拾伍万陆仟元整*					*¥156 000.00*
备　注：*不打算长期持有*							

盖章：　　　　　　　　　　复核：*李丹*　　　　　　　　经办：*李林*

第二联：记账联

表 2-3-7-3

有价证券收入单

发行单位：*罗牛山*　　　　　　*2017* 年 *12* 月 *9* 日

证券名称及性质	数量	面额		付出成本		利率	已计利息或已宣股利
		单位面额	合计	单价	金额		
短期股票	*30 000*	*1 元/股*	*30 000*	*5.2 元/股*	*156 000*		
人民币（大写）		*壹拾伍万陆仟元整*				*¥156 000.00*	
备　注：							

经办：*张凤*　　　　　　复核：*王霄*　　　　　　制单：*何莉莉*

第二联：记账联

表 2-3-8-1

固定资产投资移交使用单

转入单位：**万达公司**

转出单位：**长江电机厂** 　　　　　*2017 年 12 月 10 日* 　　　　　金额单位：元

名称	规格型号	单位	数量	账面原值	评估价值	估计使用年限	已提折旧
汽车		辆	1	300 000	180 000	15 年	50 000
合　计			1	300 000	180 000	15 年	50 000

第二联：记账联

转入单位主管：**何宁**　转入单位（公章）：　　转出单位主管：**李梦**　转出单位（公章）：　　制单：**何亮**

表 2-3-8-2

投资合同书

接受投资单位：北创公司（甲方）

投资单位：长江电机厂（乙方）

甲方为筹集通信器材厂所需资金，经与乙方协商，双方协议遵守如下投资规定：

1. 乙方用汽车一辆作为对甲方投资。评估净值为 150 000 元，签订合同之日交付使用。

2. 投资期限为 20 年，投资期内不得随意抽回投资额。

3. 投资额占甲方全部资本的 40%，并按此比例享受年利润的分配。

4. 乙方可参与甲方生产经营的监督和管理。

甲方签章：北创公司　　　　　　　　　　　乙方签章：长江电机厂

　　　　　　　　　　　　　　　　　　　　合同签订时间：2017 年 12 月 10 日

表 2-3-9-1

中国工商银行进账单（回单）　　1

2017 年 12 月 11 日　　　　　　　　　　　　　　第 0056988 号

付款人	全　称	江海证券公司	收款人	全　称	长江电机厂
	账　号	854-668-951		账　号	657-559-456
	汇出地点	北京市中关村分理处		汇出地点	北京市王冠路分理处

金额	人民币（大写）壹拾贰万肆仟元整	亿	千	百	十	万	千	百	十	元	角	分
				￥	1	2	4	0	0	0	0	0

票据种类	转账支票	工行王冠路分理处 2017.12.11 转讫
票据张数	1	开户银行签章

复核　　　记账

此联是开户银行交给收款人的回单

表 2-3-9-2

有价证券交易凭证

客户：长江电机厂　　　　　　　2017 年 12 月 11 日　　　　　　　发行单位：罗牛山

证券名称及性质	数　量	面　额		结算金额		手续费	结算合计
		单位面额	合计	单价	金额		
普通股	20 000	1 元／股	20 000	6 元／股	120 000	4 000	124 000
人民币（大写）　　壹拾贰万肆仟元整					¥ 124 000.00		
备　注：不打算长期持有							

盖章：　　　　　　　　　　　复核：李丹　　　　　　　　　　　经办：李林

第二联：记账联

表 2-3-9-3

有价证券收入单

发行单位：罗牛山　　　　　　　2017 年 12 月 11 日

证券名称及性质	数　量	面　额		付出成本		利率	已计利息或已宣股利
		单位面额	合计	单价	金额		
普通股	20 000	1 元／股	20 000	6.2 元／股	124 000		
人民币（大写）　　壹拾贰万肆仟元整					¥ 124 000.00		
备　注：不打算长期持有							

经办：张凤　　　　　　　　　　复核：王霄　　　　　　　　　　制单：何莉莉

第二联：记账联

表 2-3-10-1

中国工商银行（京）
转账支票存根
No01956314

附加信息：

出票日期：2017 年 12 月 11 日

收　款　人：江海证券公司

金　　额：¥ 54 000.00

用　　途：购买股票

单位主管：　　　会计：

表 2-3-10-2

有价证券交易凭证

客户：**长江电机厂** 　　　　　*2017 年 12 月 11 日* 　　　　发行单位：**海信公司**

证券名称及性质	数 量	面 额		结算金额		手续费	结算合计
		单位面额	合计	单价	金额		
3 年期债券	*50*	*1 000 元/张*	*50 000*	*1 080 元/张*	*54 000*	*0*	*54 000*
人民币（大写）		*伍万肆仟元整*				*￥54 000.00*	
备　注：*发行日为 2017 年 12 月 11 日，包括 1 000 元利息，到期一次还本付息*							

盖章：　　　　　　　　　　复核：*李丹*　　　　　　　　经办：*李林*

第二联：记账联

表 2-3-10-3

有价证券收入单

发行单位：**海信公司**　　　　　*2017 年 12 月 11 日*

证券名称及性质	数 量	面 额		付出成本		利率	已计利息或已宣股利
		单位面额	合计	单价	金额		
3 年期债券	*50*	*1 000 元/张*	*50 000*	*1 080 元/张*	*54 000*	*12%*	*1 000*
人民币（大写）		*伍万肆仟元整*				*￥54 000.00*	
备　注：*发行日为 2017 年 12 月 11 日，包括 1 000 元利息，到期一次还本付息*							

经办：*李林*　　　　　　复核：*王霄*　　　　　　制单：*何莉莉*

第二联：记账联

表 2-3-11-1

投资合同书

接受投资单位：**爱童文化中心**（甲方）

投资单位：**长江电机厂**（乙方）

甲方在北京市内创协爱童文化中心，经协商乙方同意以土地使用权作为对甲方的投资，双方应遵守如下规定：

1. 乙方向甲方投入土地使用权和铜板 2 吨，土地使用权评估值为 75 000 元，铜板单位成本为每吨 8 000 元，共计 16 000 元，铜板计税价格为每吨 10 000 元，共计 20 000 元，增值税税额为 3 400 元；投资额为 94 400 元。

2. 投资期限 20 年。

3. 乙方在甲方处按投资额的比例（10%）享受红利分配。

接受投资单位（甲方）签章：爱童文化中心　　　投资单位（乙方）签章：长江电机厂

　　　　　　　　　　　　　　　　　　　　　　合同签订时间：2017 年 12 月 12 日

表 2-3-11-2

无形资产调拨单

受让单位：爱童文化中心

转让单位：长江电机厂　　　　　　　　*2017 年 12 月 12 日*　　　　　　　　金额单位：元

名称	单位	数量	单价	已摊销额	账面净值	评估确认价值	备注
土地使用权	项	1	80 000	20 000	60 000	75 000	投资
合计		1	80 000	20 000	60 000	75 000	

转入单位主管：**何也**　转入单位（公章）：　　转出单位主管：**李梦**　转出单位（公章）：　　制单：**何亮**

表 2-3-12

北京增值税专用发票

记账联

№64878765

开票日期：2017 年 12 月 12 日

购买方	名　　称：爱童文化中心 纳税人识别号：561245445123826 地址、电话：北京市宏伟路 2 号（85412796） 开户行及账号：工行北京宏伟路分理处 567-854-632	密码区	略

货物或应税劳务、服务名称	规格型号	单位	数量	单价	金额	税率	税额
铜板		吨	2	10 000.00	20 000.00	17%	3 400.00
合计			1		¥ 20 000.00		¥ 3 400.00

价税合计（大写）	贰万叁仟肆佰元整	（小写）¥ 23 400.00

销售方	名　　称：长江电机厂 纳税人识别号：358496215428567 地址、电话：北京市王冠路 28 号（54963524） 开户行及账号：工行北京王冠路分理处 657-559-456	备注	358596215428567 发票专用章

收款人：何亮　　　　复核：张云　　　　开票人：周逸　　　　销售方：（章）

表 2-3-13-1

中国工商银行进账单（回单）　　1

2017 年 12 月 11 日　　　　　　　　第 0056992 号

付款人	全称	龙达公司	收款人	全称	长江电机厂
	账号	565-345-541		账号	657-559-456
	开户银行	北京市知春路分理处		汇出地点	北京市王冠路分理处

金额	人民币 （大写）壹拾贰万元整	亿	千	百	十	万	千	百	十	元	角	分
				¥	1	2	0	0	0	0	0	0

票据种类	转账支票	2017.12.11
票据张数	1	转讫

复核　　　记账　　　　　　　　　　　　　开户银行签章

表 2-3-13-2

收　据（记账联）

2017 年 12 月 20 日

交款单位	龙达公司		收款方式：支票
收款金额	壹拾贰万元整		￥120 000.00
收款事由	联营期满收回投资		
领导批示	财务负责人		收款人
李骏	张强		李维

表 2-3-14-1

固定资产报废单

2017 年 12 月 21 日

固定资产名称	拖拉机
固定资产原值	人民币（大写）贰拾壹万陆仟元整
累计折旧	人民币（大写）贰拾壹万元整
清查结果：使用期限已满不能继续使用	领导批示：同意

表 2-3-14-2

收　据（记账联）

2017 年 12 月 21 日

交款单位	长江电机厂		收款方式：支票
收款金额	壹仟贰佰元整		￥1 200.00
收款事由	拖拉机清理费		
领导批示	财务负责人		收款人
李骏	张强		王友

表 2-3-14-3

中国工商银行（京）
转账支票存根
№01956315
附加信息：
出票日期：*2017 年 12 月 21 日*
收　款　人：新意公司
金　　　额：￥1 200.00
用　　　途：拖拉机清理费
单位主管：　会计：

表 2-3-15-1

中国工商银行进账单（回单）　1

2017 年 12 月 23 日　　　　　　　　第 0056995 号

付款人	全　称	废品收购公司		收款人	全　称	长江电机厂
	账　号	545-635-454			账　号	657-559-456
	开户银行	北京市东四路分理处			汇出地点	北京市王冠路分理处

金额	人民币（大写）贰仟元整	亿	千	百	十	万	千	百	十	元	角	分
							￥	2	0	0	0	0	0

票据种类	贰仟元整
票据张数	1

工行王冠路分理处 2017.12.23 转讫

开户银行签章

复核　　　记账

表 2-3-15-2

收　据（记账联）

2017 年 12 月 23 日

交款单位	废品收购公司	收款方式：支票
收款金额	贰仟元整	￥2 000.00
收款事由	拖拉机报废残值收入	
领导批示	财务负责人	收款人
李骏	张强	李维

表 2-3-16-1

中国工商银行（京）
转账支票存根
№01956316

附加信息：

出票日期：2017 年 12 月 24 日

收　款　人：北京市第一工程队

金　　额：￥44 400.00

用　　途：维修人工

单位主管：　　　会计：

表 2-3-16-2

北京增值税专用发票

抵扣联

№79654238

开票日期：2017 年 12 月 24 日

购买方	名　　称：长江电机厂 纳税人识别号：358496215428567 地址、电话：北京市王冠路 28 号（54963524） 开户行及账号：工行北京王冠路分理处 657-559-456	密码区	略

货物或应税劳务、服务名称	规格型号	单位	数量	单价	金额	税率	税额
工程人工费					40 000.00	11%	4 400.00
合　计					¥40 000.00		¥4 400.00

价税合计（大写）	肆万肆仟肆佰元整	（小写）　¥44 400.00

销售方	名　　称：北京市第一工程队 纳税人识别号：358420635366663 地址、电话：北京市知春路 13 号（54963456） 开户行及账号：工行北京知春路分理处 456-559-657	备注	北京市第一工程队 358420635366663 发票专用章 销售方：（章）

收款人：张一山　　　　复核：张文　　　　开票人：杨小红

第二联：抵扣联　购买方扣税凭证

表 2-3-16-3

北京增值税专用发票

发票联

№79654238

开票日期：2017 年 12 月 24 日

购买方	名　　称：长江电机厂 纳税人识别号：358496215428567 地址、电话：北京市王冠路 28 号（54963524） 开户行及账号：工行北京王冠路分理处 657-559-456	密码区	略

货物或应税劳务、服务名称	规格型号	单位	数量	单价	金额	税率	税额
工程人工费					40 000.00	11%	4 400.00
合　计					¥40 000.00		¥4 400.00

价税合计（大写）	肆万肆仟肆佰元整	（小写）　¥44 400.00

销售方	名　　称：北京市第一工程队 纳税人识别号：358420635366663 地址、电话：北京市知春路 13 号（54963456） 开户行及账号：工行北京知春路分理处 456-559-657	备注	北京市第一工程队 358420635366663 发票专用章 销售方：（章）

收款人：张一山　　　　复核：张文　　　　开票人：杨小红

第三联：发票联　购买方记账凭证

表 2-3-16-4

材料出库单

领料单位：市第一工程队

用　途：租入房屋维修　　　　　　*2017 年 12 月 24 日*

材料类别	材料名称	单位	数　量		单价	金额	备注
			请领	实领			
原材料	丁材料	吨	4	4	400	1 600	
原材料	修理用备件	吨	20	20	15	300	
合　　计						1 900	

仓库主管：杨奕　　　材料会计：谢丽　　　领料员：何雨　　　经办人：李乐　　　制单：赵云

第二联：记账联

表 2-3-16-5

增值税进项税额转出计算表

2017 年 12 月 24 日　　　　　　　　　　　　　　金额单位：元

名　称	计税金额	税　率	进项税额转出
丁材料	1 600	17%	272
修理用备件	300	17%	51
合　　计	1 900		323

主管：王辉　　　　　　复核：张云　　　　　　制单：赵云

表 2-3-17-1

中国工商银行（京）

转账支票存根

№01956319

附加信息：

出票日期：*2017 年 12 月 25 日*

收款人：*青岛天美空调厂*

金　额：*¥1 332.00*

用　途：*空调安装费*

单位主管：　　　会计：

94

表 2-3-17-2

山东增值税专用发票

№79654238

抵扣联

开票日期：2017 年 12 月 25 日

购买方	名　称：长江电机厂			密码区		略	
	纳税人识别号：358496215428567						
	地址、电话：北京市王冠路 28 号（54963524）						
	开户行及账号：工行北京王冠路分理处 657-559-456						

货物或应税劳务、服务名称	规格型号	单位	数量	单价	金额	税率	税额
空调安装费					1 200.00	11%	132.00
合计					¥ 1 200.00		¥ 132.00

价税合计（大写）	壹仟叁佰叁拾贰元整	（小写）¥ 1 332.00

销售方	名　称：青岛天美空调厂	备注
	纳税人识别号：954871265031234	
	地址、电话：青岛市胶东路 213 号（55168543）	
	开户行及账号：工行青岛胶东路分理处 466-743-322	

收款人：李萌　　　　复核：张云西　　　　开票人：周逸森　　　　销售方：（章）

第二联：抵扣联　购买方扣税凭证

表 2-3-17-3

山东增值税专用发票

№79654238

发票联

开票日期：2017 年 12 月 25 日

购买方	名　称：长江电机厂			密码区		略	
	纳税人识别号：358496215428567						
	地址、电话：北京市王冠路 28 号（54963524）						
	开户行及账号：工行北京王冠路分理处 657-559-456						

货物或应税劳务、服务名称	规格型号	单位	数量	单价	金额	税率	税额
空调安装费					1 200.00	11%	132.00
合计					¥ 1 200.00		¥ 132.00

价税合计（大写）	壹仟叁佰叁拾贰元整	（小写）¥ 1 332.00

销售方	名　称：青岛天美空调厂	备注
	纳税人识别号：954871265031234	
	地址、电话：青岛市胶东路 213 号（55168543）	
	开户行及账号：工行青岛胶东路分理处 466-743-322	

收款人：李萌　　　　复核：张云西　　　　开票人：周逸森　　　　销售方：（章）

第三联：发票联　购买方记账凭证

表 2-3-18

固定资产验收交接单

金额单位：元

2017 年 12 月 26 日

编号：*564*

固定资产名称	规格、型号	单位	数量	设备价值或工程造价	设备基础及安装费	耗用生产用料	合 计
中央空调	VTI	台	1	48 800	1 200	1 170	51 170
资产来源				耐用年限	10	估计残值	1 000
工程项目或使用部门	办公室			复杂系数		折旧率	

交验部门主管：张亮　　　　　　　接管部门主管：李梦　　　　　　　接管人：李贺

表 2-3-19

修理费用摊销计算表

2017 年 12 月 27 日

金额单位：元

项 目	费用总额	发生日期	摊销期	已摊销额	本期应摊销	备注
大修理费	60 000	2017 年 2 月	2 年	22 500	2 500	车间设备修理费
合 计	60 000			22 500	2 500	

主管：王辉　　　　　　　复核：张云　　　　　　　制单：赵云

表 2-3-20

固定资产盘盈（盘亏）报告单

单位名称：长江电机厂　　　　　　　*2017 年 12 月 30 日*　　　　　　　金额单位：元

固定资产编号	类别及名称	计量单位	盘盈		盘亏			毁损			原因
			数量	金额	数量	原值	已提折旧	数量	原值	已提折旧	
	电动机	台			1	8 000	4 000				未明
合计						8 000	4 000				

主管：王辉　　　　　　　复核：张云　　　　　　　制单：赵云

表 2-3-21

无形资产摊销计算表

编制单位：长江电机厂　　　　　　　*2017 年 12 月 30 日*　　　　　　　金额单位：元

项 目	期初余额	已摊销额	摊销年限	本期摊销额		本月应摊销额
				金额	摊销年限	
A 产品专利	96 000	20 000	20			
土地使用权	50 000		50			
合 计	146 000	20 000				
备注	无形资产的摊销采用直线法					

备注：此表需要学生填列。

表 2-3-22-1

中国工商银行（京）
转账支票存根
No01956318

附加信息：

出票日期：*2017* 年 *12* 月 *30* 日

收 款 人：*北京市房地产集团公司*

金　　额：*¥111 000.00*

用　　途：*支付融资租赁费*

单位主管：　　　　会计：

表 2-3-22-2

北京增值税专用发票

抵扣联

No13541354

开票日期：2017 年 12 月 30 日

购买方	名　　称：长江电机厂 纳税人识别号：358496215428567 地址、电话：北京市王冠路 28 号（54963524） 开户行及账号：工行北京王冠路分理处 657-559-456					密码区	略		
货物或应税劳务、服务名称	规格型号	单位	数量	单价	金额		税率	税额	
融资租赁费					100 000.00		11%	11 000.00	
合计					¥100 000.00			¥11 000.00	
价税合计（大写）	壹拾壹万壹仟元整					（小写）¥111 000.00			
销售方	名　　称：北京市房地产集团公司 纳税人识别号：543245358420024 地址、电话：北京市天安门大街 13 号（56678456） 开户行及账号：工行北京天安门分理处 789-657-339					备注			

第二联：抵扣联　购买方扣税凭证

收款人：孙丽丽　　　复核：张松　　　开票人：李红　　　销售方：（章）

表 2-3-22-3

北京增值税专用发票

发票联

No13541354

开票日期：2017 年 12 月 30 日

购买方	名　　称：长江电机厂 纳税人识别号：358496215428567 地址、电话：北京市王冠路 28 号（54963524） 开户行及账号：工行北京王冠路分理处 657-559-456					密码区	略		
货物或应税劳务、服务名称	规格型号	单位	数量	单价	金额		税率	税额	
融资租赁费					100 000.00		11%	11 000.00	
合计					¥100 000.00			¥11 000.00	
价税合计（大写）	壹拾壹万壹仟元整					（小写）¥111 000.00			
销售方	名　　称：北京市房地产集团公司 纳税人识别号：543245358420024 地址、电话：北京市天安门大街 13 号（56678456） 开户行及账号：工行北京天安门分理处 789-657-339					备注			

第三联：发票联　购买方记账凭证

收款人：孙丽丽　　　复核：张松　　　开票人：李红　　　销售方：（章）

97

表 2-3-22-4

中国工商银行北京市分行借款利息通知（付款通知）

2017 年 12 月 30 日　　　　　　　　　　　第 005954 号

汇款人	全　称	长江电机厂	收款人	全　称	北京市工行
	账　号	657-559-456		账　号	543245
	开户银行	北京市王冠路分理处		开户银行	北京市天安门分理处

金额	人民币（大写）	伍万元整		亿	千	百	十	万	千	百	十	元	角	分
							¥	5	0	0	0	0	0	0

结息期	结息		利率	5%
备注：融资租赁利息				

表 2-3-23-1

债券溢价摊销计算表

发行单位：海信公司（发行期 3 年）　　　　2017 年 12 月 30 日　　　　　　　　单位：元

计算收入期	面值	应计利息	溢价	溢价摊销	实得收益	账面净值
购进	50 000	1 000				
2017 年 12 月	50 000	500				
合　计						

主管：王辉　　　　　　复核：张云　　　　　　制单：赵云

表 2-3-23-2

债券利息计算表

发行单位：海信公司（发行期 3 年）　　　　2017 年 12 月 30 日

计息收入期	面值（元）	利率（%）	利息额（元）
购进（2017.10—2017.11）	50 000	12	1 000
2017.12	50 000	12	500

主管：王辉　　　　　　复核：张云　　　　　　制单：赵云

表 2-3-24-1

固定资产折旧计算表（年数总和法）

2017 年 12 月 31 日　　　　　　　　　　　金额单位：元

项目＼部门	数量单位	原值	预计使用年数	已使用年数	残值	本月折旧额
电子计算机（管理）	2 台	100 000	4	1	10 000	
运输卡车	3 辆	190 000	8	3	9 000	
空调设备（车间 2 套）（管理 2 套）	4 套	200 000	5	2	20 000	
合　计		490 000				

主管：王辉　　　　　　复核：张云　　　　　　制单：赵云

备注：此表需要学生填列。

表 2-3-24-2

固定资产折旧计算表（分类折旧法）

2017 年 12 月 31 日   金额单位：元

项目 ＼ 部门	原值	年折价率	年折旧额	月折旧额	备注
电子计算机（管理）	730 000	6%			
运输卡车	250 000	12%			
空调设备（车间2套）（管理2套）	36 000	10%			
合　计	1 016 000				

主管：王辉　　　　　　　　复核：张云　　　　　　　　制单：赵云

备注：此表需要学生填列。

表 2-3-25

股票市值表

2017 年 12 月 31 日   金额单位：元

发行单位	项目	数量	单位市价	交易税额（%）	市值总额
罗牛山	普通股		9		
合　计					

主管：王辉　　　　　　　　复核：张云　　　　　　　　制单：赵云

备注：此表需要学生填列。

四、实训用纸

本实训任务需要准备以下资料：收款凭证（4）、付款凭证（4）、转账凭证（14）、总账（9）、明细账（6）。

收 款 凭 证

总字第　　号

年　月　日

字第　　号

借方科目：

摘　　要	贷方科目		金　额									记账
	总账科目	明细科目	千	百	十	万	千	百	十	元	角	分	
合　　计												

附单据　　张

会计主管：　　　　记账：　　　　审核：　　　　出纳：　　　　制单：

付 款 凭 证

总字第　　号

年　月　日

字第　　号

贷方科目：

摘　　要	借方科目		金　额									记账
	总账科目	明细科目	千	百	十	万	千	百	十	元	角	分	
合　　计												

附单据　　张

会计主管：　　　　记账：　　　　审核：　　　　出纳：　　　　制单：

转 账 凭 证

总字第　　号

年　月　日

字第　　号

摘　　要	总账科目	明细科目	借方金额										贷方金额										记账
			千	百	十	万	千	百	十	元	角	分	千	百	十	万	千	百	十	元	角	分	
合　　计																							

附单据　　张

会计主管：　　　　记账：　　　　审核：　　　　制单：

101

总　账

会计科目 _____

年		凭证册号	摘　要	借　方										贷　方										核对号	借或贷	余　额									
月	日			亿	千	百	十	万	千	百	十	元	角	分	亿	千	百	十	万	千	百	十	元	角	分			亿	千	百	十	万	千	百	十	元	角	分

明细账

会计科目 _____

年		凭证册号	摘　要	借　方										贷　方										核对号	借或贷	余　额									
月	日			亿	千	百	十	万	千	百	十	元	角	分	亿	千	百	十	万	千	百	十	元	角	分			亿	千	百	十	万	千	百	十	元	角	分

任务四　　成本核算

一、实训目的

通过实际操作，使学生了解成本核算岗位的业务范围、核算内容，熟悉产品成本分配的计算方法及核算办法。

二、实训要求

1. 设置生产成本、辅助生产成本、制造费用总账。
2. 设置多栏式明细账，并登记期初余额：

生产成本——甲产品——直接材料、直接人工、制造费用、其他直接费用；

生产成本——乙产品——直接材料、直接人工、制造费用、其他直接费用；

生产成本——辅助生产成本——机修车间、供电车间；

制造费用——铸造车间、加工车间、装配车间。

3. 根据实际实训资料中的外购或自制的原始凭证编制记账凭证。
4. 月末结转辅助生产成本。
5. 月末结转制造费用。
6. 月末结转生产成本。
7. 月末结转售出产品成本。
8. 按日结计明细账余额，月末结日记账、明细账、总账。

三、实训资料

1. 海天有限公司是一家有 500 名职工的有限责任公司，注册资本 3 000 万元，主要从事机器生产，为增值税一般纳税人。

海天有限公司生产甲、乙两种产品，产品成本计算采用品种法，生产费用在完工产品与在产品之间的分配采用约当产量比例法。

基本生产车间分设为铸造、加工、装配三个车间，顺序加工产品。

辅助生产车间分设为供电、机修两个车间，辅助生产费用（含辅助生产车间的制造费用）在"辅助生产成本"账户的借方归集，按受益对象采用直接分配法。

制造费用（除辅助生产车间的制造费用）在"制造费用"账户的借方归集，并按基本生产车间设置明细账，制造费用按生产工时在本车间不同产品之间进行分配。

存货发出按照加权平均法计算，包装物和低值易耗品的摊销采用一次摊销或分次摊销法。

表 2-4-1

原材料账户期初明细资料

材料类别	材料名称	数量（千克）	单价（千克/元）	金额（元）
原材料	A 材料	40 000	20	800 000
	B 材料	20 000	70	1 400 000
	C 材料	17 500	15	262 500

表 2-4-2

周转材料账户期初明细资料

金额单位：元

材料类别	材料名称	单 位	单 价	数 量	金 额
低值易耗品	办公桌椅	套	2 000	100	200 000
	工作服	套	30	800	24 000
	手套	付	1	1 000	1 000

表 2-4-3

库存商品期初明细资料

材料类别	产成品名称	数量（件）	单价（件/元）	金额（元）
库存商品	甲产品	5 000	200	1 330 000
	乙产品	4 000	300	1 440 000

表 2-4-4

期初在产品成本资料

单位：元

项 目	直接材料	直接人工	制造费用	其他直接费用
甲产品	53 352	4 255	8 200	875
乙产品	44 870	5 745	6 100	740

表 2-4-5

本月产品产量情况

数量单位：件

项 目	期初在产品数量	本月投产	本月完工	月末在产品数量	月末在产品完工程度
甲产品	1 000	3 000	3 000	1 000	40%
乙产品	400	2 000	1 400	1 000	70%

甲产品原材料系一次投入，乙产品原材料投料程度与加工程度一致。

表 2-4-6

甲、乙产品生产工时

单位：小时

车间产品	铸造车间	加工车间	装配车间
甲产品	120 000	22 500	38 000
乙产品	104 000	17 500	26 000

2. 本月发生有关业务如下（原始凭证）：

表 2-4-7

资产折旧计算表

2017 年 12 月 25 日

单位：元

部门 \ 固定资产类别	房屋 月折旧率（0.35%）	机器设备 月折旧率（0.7%）	其他 月折旧额
铸造车间	1 400	2 275	2 175
加工车间	1 330	2 100	2 040
装配车间	875	1 400	1 350
机修车间	350	420	480
供电车间	350	525	525
合 计	4 305	6 720	6 570

会计主管：　　　　　　　　复核：　　　　　　　　制表：

表 2-4-8-1

低值易耗品发出汇总表

2017 年 12 月 25 日

单位：元

部门 \ 类别	办公桌椅 （摊销期 20 个月）	工作服 （摊销期：5 个月）	手套 （摊销期：1 个月）
铸造车间			
加工车间			
装配车间			
机修车间			
供电车间			
合 计			

会计主管：　　　　　　　　复核：　　　　　　　　制表：

表 2-4-8-2

领 料 单

2017 年 12 月 15 日

领用单位：铸造车间

材料类别	材料名称	单 位	单 价	数 量	金 额	备 注
低值易耗品	办公桌椅	套	2 000	5		
	工作服	套	30	80		
	手套	付	1	100		
合　计						

表 2-4-8-3

领 料 单

2017 年 12 月 15 日

领用单位：加工车间

材料类别	材料名称	单 位	单 价	数 量	金 额	备 注
低值易耗品	办公桌椅	套	2 000	4		
	工作服	套	30	64		
	手套	付	1	200		
合　计						

表 2-4-8-4

领 料 单

2017 年 12 月 15 日

领用单位：装配车间

材料类别	材料名称	单 位	单 价	数 量	金 额	备 注
低值易耗品	办公桌	套	2 000	4		
	工作服	套	30	80		
	手套	付	1	200		
合　计						

表 2-4-8-5

领 料 单

2017 年 12 月 15 日

领用单位：机修车间

材料类别	材料名称	单 位	单 价	数 量	金 额	备 注
低值易耗品	办公桌椅	套	2 000	1		
	工作服	套	30	20		
	手套	付	1	60		
合　计						

表 2-4-8-6

领 料 单

2017 年 12 月 15 日

领用单位：供电车间

材料类别	材料名称	单 位	单 价	数 量	金 额	备 注
低值易耗品	办公桌椅	套	2 000	2		
	工作服	套	30	16		
	手套	付	1	60		
合 计						

第二联：记账联

表 2-4-9

低值易耗品摊销计算表

2017 年 12 月 25 日

单位：元

部门 ＼ 类别	办公桌椅（摊销期 20 个月）	工作服（摊销期：5 个月）
铸造车间		
加工车间		
装配车间		
机修车间		
供电车间		
合 计		

会计主管：　　　　　　　　　　复核：　　　　　　　　　　制表：

表 2-4-10-1

原材料发出汇总表

2017 年 12 月 26 日

部门 ＼ 类别	A 材料		B 材料		C 材料		合计
	数量（千克）	金额（元）	数量（千克）	金额（元）	数量（千克）	金额（元）	
甲产品							
乙产品							
铸造车间							
加工车间							
装配车间							
机修车间							
供电车间							
合 计							

表 2-4-10-2

领 料 单
2017 年 12 月 2 日

领用单位：生产车间

材料类别	材料名称	单 位	单 价	数 量	金 额	备 注
原材料	A 材料	千克		2 000		甲产品
	B 材料	千克		1 100		
	C 材料	千克		1 500		
合 计						

负责人：　　　　　　　　　　　　　　　　　经手人：

表 2-4-10-3

领 料 单
2017 年 12 月 3 日

领用单位：生产车间

材料类别	材料名称	单 位	单 价	数 量	金 额	备 注
原材料	A 材料	千克		2 500		
	B 材料	千克		800		
	C 材料	千克		2 000		
合 计						

表 2-4-10-4

领 料 单
2017 年 12 月 5 日

领用单位：生产车间

材料类别	材料名称	单 位	单 价	数 量	金 额	备 注
原材料	A 材料	千克		4 200		
	B 材料	千克		3 000		
	C 材料	千克		10 000		
合 计						

表 2-4-10-5

领 料 单
2017 年 12 月 5 日

领用单位：装配车间

材料类别	材料名称	单 位	单 价	数 量	金 额	备 注
原材料	C 材料	千克		3 000		
合 计						

表 2-4-10-6

领 料 单

领用单位：生产车间　　　　　　　　　2017 年 12 月 5 日

材料类别	材料名称	单 位	单 价	数 量	金 额	备 注
原材料	A 材料	千克		1 300		乙产品
	C 材料	千克		2 400		
合 计						

表 2-4-10-7

领 料 单

领用单位：铸造车间　　　　　　　　　2017 年 12 月 8 日

材料类别	材料名称	单 位	单 价	数 量	金 额	备 注
原材料	C 材料	千克		2 000		
合 计						

表 2-4-10-8

领 料 单

领用单位：生产车间　　　　　　　　　2017 年 12 月 9 日

材料类别	材料名称	单 位	单 价	数 量	金 额	备 注
原材料	B 材料	千克		2 400		甲产品
	C 材料	千克		3 800		
合 计						

表 2-4-10-9

领 料 单

领用单位：机修车间　　　　　　　　　2017 年 12 月 9 日

材料类别	材料名称	单 位	单 价	数 量	金 额	备 注
原材料	C 材料	千克		4 000		
合 计						

表 2-4-10-10

领　料　单

领用单位：生产车间　　　　　　*2017 年 12 月 2 日*

材料类别	材料名称	单　位	单　价	数　量	金　额	备　注
原 材 料	c 材料	千克		2 400		
合　计						

表 2-4-10-11

领　料　单

领用单位：生产车间　　　　　　*2017 年 12 月 15 日*

材料类别	材料名称	单　位	单　价	数　量	金　额	备　注
原 材 料	A 材料	千克		2 000		乙产品
	B 材料	千克		2 100		
	C 材料	千克		4 800		
合　计						

表 2-4-10-12

领　料　单

领用单位：供电车间　　　　　　*2017 年 12 月 15 日*

材料类别	材料名称	单　位	单　价	数　量	金　额	备　注
原 材 料	c 材料	千克		2 700		
合　计						

表 2-4-10-13

领　料　单

领用单位：生产车间　　　　　　*2017 年 12 月 17 日*

材料类别	材料名称	单　位	单　价	数　量	金　额	备　注
原 材 料	a 材料	千克		2 400		甲产品
	c 材料	千克		3 400		
合　计						

表 2-4-10-14

领 料 单

领用单位：生产车间　　　　　　2017 年 12 月 15 日

材料类别	材料名称	单　位	单　价	数　量	金　额	备　注
原材料	c 材料	千克		1 000		
合　计						

第二联：记账联

表 2-4-10-15

领 料 单

领用单位：生产车间　　　　　　2017 年 12 月 22 日

材料类别	材料名称	单　位	单　价	数　量	金　额	备　注
原材料	a 材料	千克		3 000		甲产品
	c 材料	千克		13 000		甲产品
合　计						

第二联：记账联

表 2-4-10-16

领 料 单

领用单位：生产车间　　　　　　2017 年 12 月 23 日

材料类别	材料名称	单　位	单　价	数　量	金　额	备　注
原材料	c 材料	千克		3 200		乙产品
合　计						

第二联：记账联

表 2-4-11-1

工资结算汇总表（简表）

2017 年 12 月 27 日

单位：元

部门	项目	应付工资	代扣款项	实发工资
铸造车间	生产工人	112 000	7 000	105 000
	管理人员	16 000	1 000	15 000
加工车间	生产工人	88 000	5 500	82 500
	管理人员	24 000	1 500	22 500
装配车间	生产工人	80 000	5 000	75 000
	管理人员	16 000	1 000	15 000
机修车间		32 000	2 000	30 000
供电车间		28 800	1 800	27 000
合　计		396 800	24 800	372 000

表 2-4-11-2

职工工资费用分配表

2017 年 12 月 31 日

单位：元

借方账户		直接计入	分配计入	合计
生产成本	甲产品			
	乙产品			
	小计			
制造费用	机修车间			
	供电车间			
管理费用	铸造车间			
	加工车间			
	装配车间			
合　计				

＊职工工资按生产工时进行分配。

表 2-4-12

职工福利分配表

2017 年 12 月 31 日   单位：元

借方账户		职工工资	职工福利（14%）
生产成本	甲产品		
	乙产品		
	小计		
制造费用	机修车间		
	供电车间		
管理费用	铸造车间		
	加工车间		
	装配车间		
合 计			

表 2-4-13-1

辅助生产车间劳务资料

部门 数量	机修车间	供电车间	甲产品	乙产品	铸造车间	加工车间	装配车间
机修工时（小时）		650			20 000	21 600	28 000
供电（度）	1 800		56 000	44 000	17 000	14 000	20 000

表 2-4-13-2

辅助生产费用分配表

2017 年 12 月 31 日   金额单位：元

借方账户		机修车间			供电车间			合计
		劳务量	分配率	分配金额	供电量	分配率	分配金额	
生产成本	甲产品							
	乙产品							
管理费用	铸造车间							
	加工车间							
	装配车间							
合 计								

表 2-4-14

制造费用分配表

2017 年 12 月 31 日   金额单位：元

应借科目		铸造车间			加工车间			装配车间			合计
		生产工时	分配率	金额	生产工时	分配率	金额	生产工时	分配率	金额	
生产成本	甲产品										
	乙产品										
合　计											

* 制造费用按生产工时在本车间不同产品之间进行分配。

表 2-4-15-1

产品成本计算单

2017 年 12 月 31 日

产品：**甲产品**　　　完工产量：　　　　　在产品：　　　　　完工程度：　　　　单位：元

项目	直接材料	直接人工	制造费用	其他直接费用	合计
期初在产品成本					
本月发生费用					
费用合计					
约当产量					
单位成本					
结转完工产品成本					
月末在产品成本					

表 2-4-15-2

产品成本计算单

2017 年 12 月 31 日

产品：**乙产品**　　　完工产量：　　　　　在产品：　　　　　完工程度：　　　　单位：元

项目	直接材料	直接人工	制造费用	其他直接费用	合计
期初在产品成本					
本月发生费用					
费用合计					
约当产量					
单位成本					
结转完工产品成本					
月末在产品成本					

表 2-4-15-3

入 库 单

2017 年 12 月 31 日

单位：仓库

第二联：记账联

存货类别	名　称	单　位	数　量	单　价	金　额	备　注
甲产品	甲产品	件				
乙产品	乙产品	件				
合　计						

表 2-4-16-1

产品销售成本计算表

2017 年 12 月 31 日　　　　　　　　　　金额单位：元

产品名称	销售数量	单位成本	总成本
甲产品			
乙产品			
合　计			

表 2-4-16-2

出 库 单

2017 年 12 月 3 日

单位：

第二联：记账联

名　称	单　位	数　量	单　价	金　额	备　注
甲产品	件	300			
合　计					

表 2-4-16-3

出 库 单

2017 年 12 月 5 日

单位：

第二联：记账联

名　称	单　位	数　量	单　价	金　额	备　注
甲产品	件	2 300			
合　计					

117

表 2-4-16-4

出 库 单

2017 年 12 月 8 日

单位：

名　称	单　位	数　量	单　价	金　额	备　注
甲产品	件	3 100			
合　计					

第二联：记账联

表 2-4-16-5

出 库 单

2017 年 12 月 3 日

单位：

名　称	单　位	数　量	单　价	金　额	备　注
甲产品	件	200			
合　计					

第二联：记账联

表 2-4-16-6

出 库 单

2017 年 12 月 15 日

单位：

名　称	单　位	数　量	单　价	金　额	备　注
甲产品	件	100			
合　计					

第二联：记账联

表 2-4-16-7

出 库 单

2017 年 12 月 18 日

单位：

名　称	单　位	数　量	单　价	金　额	备　注
甲产品	件	750			
合　计					

第二联：记账联

表 2-4-16-8

出　库　单

2017 年 12 月 25 日

单位：

名　称	单　位	数　量	单　价	金　额	备　注
甲产品	件	350			
合　计					

第二联：记账联

表 2-4-16-9

出　库　单

2017 年 12 月 1 日

单位：

名　称	单　位	数　量	单　价	金　额	备　注
乙产品	件	400			
合　计					

第二联：记账联

表 2-4-16-10

出　库　单

2017 年 12 月 15 日

单位：

名　称	单　位	数　量	单　价	金　额	备　注
乙产品	件	2 300			
合　计					

第二联：记账联

表 2-4-16-11

出　库　单

2017 年 12 月 22 日

单位：

名　称	单　位	数　量	单　价	金　额	备　注
乙产品	件	1 800			
合　计					

第二联：记账联

四、实训用纸

本实训任务需要准备以下资料：转账凭证（20）。

转 账 凭 证

总字第　　号

年　　月　　日

字第　　号

摘　　要	总账科目	明细科目	借方金额									贷方金额									记账	附单据 张
			千	百	十	万	千	百	十	元	角	分	千	百	十	万	千	百	十	元	角	分		
合　　计																								

会计主管：　　　　　　记账：　　　　　　审核：　　　　　　制单：

121

任务五 期末损益结转

一、实训目的

通过实际操作，使学生了解每个月末期间损益结转的业务范围、核算内容，熟悉月末损益结转的核算方法。

二、实训要求

1. 设置损益类账户的总账及相应的明细账。
2. 根据实际实训资料中的外购或自制的原始凭证编制记账凭证。
3. 计算增值税、消费税、企业所得税、个人所得税及纳税申报。
4. 根据记账凭证逐笔登记生产成本、制造费用的明细账、总账。
5. 月末结记日记账、明细账、总账。

三、实训资料

1. 天马有限公司是一家有 260 名职工的有限责任公司，注册资本 1 000 万元，主要从事家具生产，为增值税一般纳税人。

2. 本月发生有关业务如下（原始凭证）：

表 2-5-1

天津增值税专用发票　　　№ 56787654

记账联　　　　　　　　　　开票日期：2017 年 12 月 1 日

购买方	名　　　称：信恒公司					密码区		略	
	纳税人识别号：577433257754567								
	地址、电话：沈阳市锦绣路 55 号（44562675）								
	开户行及账号：工行沈阳锦绣分理处 868-443-325								
货物或应税劳务、服务名称	规格型号	单位	数量	单价	金额		税率	税额	
乙产品		件	500	600.00	300 000.00		17%	51 000.00	
合计					￥300 000.00			￥51 000.00	
价税合计（大写）	叁拾伍万壹仟元整						（小写）￥351 000.00		
销售方	名　　　称：天马有限公司					备注			
	纳税人识别号：667785465487432								
	地址、电话：天津市建设路 12 号（65485450）								
	开户行及账号：工行天津建设分理处 868-443-325								

收款人：何欢　　　复核：张云　　　开票人：周想　　　销售方：（章）

表 2-5-2

天津增值税专用发票

记账联

№ 56787655

开票日期：2017 年 12 月 1 日

购买方	名　　称：千禧公司
	纳税人识别号：955466258364638
	地址、电话：丹东市青山路 213 号（55168543）
	开户行及账号：工行丹东青山路分理处 655-544-123

密码区　　　略

货物或应税劳务、服务名称	规格型号	单位	数量	单价	金额	税率	税额
甲产品		件	500	800.00	400 000.00	17%	68 000.00
合计					￥400 000.00		￥68 000.00

价税合计（大写）	肆拾陆万捌仟元整	（小写）￥468 000.00

销售方	名　　称：天马有限公司
	纳税人识别号：667785465487432
	地址、电话：天津市建设路 12 号（65485450）
	开户行及账号：工行天津建设路分理处 868-443-325

备注

收款人：何欢　　　复核：张云　　　开票人：周想　　　销售方：（章）

第一联：记账联　销售方记账凭证

表 2-5-3-1

天津增值税专用发票

记账联

№ 56787656

开票日期：2017 年 12 月 1 日

购买方	名　　称：华盛公司
	纳税人识别号：6279543123213
	地址、电话：南京市青山路 213 号（55168543）
	开户行及账号：工行南京青山路分理处 655-544-321

密码区　　　略

货物或应税劳务、服务名称	规格型号	单位	数量	单价	金额	税率	税额
C 材料		千克	1 000	300.00	200 000.00	17%	34 000.00
合计					￥200 000.00		￥34 000.00

价税合计（大写）	贰拾叁万肆仟元整	（小写）￥234 000.00

销售方	名　　称：天马有限公司
	纳税人识别号：667785465487432
	地址、电话：天津市建设路 12 号（65485450）
	开户行及账号：工行天津建设路分理处 868-443-325

备注

收款人：何欢　　　复核：张云　　　开票人：周想　　　销售方：（章）

第一联：记账联　销售方记账凭证

表 2-5-3-2

中国工商银行进账单（回单）　　1

2017 年 12 月 5 日　　　　　　　　　　　　第 006785 号

<table>
<tr><td rowspan="3">付款人</td><td>全　　称</td><td>华盛公司</td><td rowspan="3">收款人</td><td>全　称</td><td colspan="9">天马有限公司</td></tr>
<tr><td>账　　号</td><td>655-544-321</td><td>账　号</td><td colspan="9">868-443-325</td></tr>
<tr><td>开户银行</td><td>南京市青山路分理处</td><td>开户银行</td><td colspan="9">天津市建设路分理处</td></tr>
<tr><td rowspan="2">金额</td><td colspan="2">人民币
（大写）贰拾叁万肆仟元整</td><td>亿</td><td>千</td><td>百</td><td>十</td><td>万</td><td>千</td><td>百</td><td>十</td><td>元</td><td>角</td><td>分</td></tr>
<tr><td colspan="2"></td><td></td><td>¥</td><td>2</td><td>3</td><td>4</td><td>0</td><td>0</td><td>0</td><td>0</td><td>0</td><td>0</td></tr>
<tr><td>票据种类</td><td>转账支票</td><td rowspan="4" colspan="11">工行建设路
分理处
2017.12.05
转讫

开户银行签章</td></tr>
<tr><td>票据张数</td><td>1</td></tr>
<tr><td></td><td></td></tr>
<tr><td colspan="2">　　复核　　　记账</td></tr>
</table>

表 2-5-3-3

材料出库单

领料单位：销售部

用　　途：销售　　　　　　　　　　*2017 年 12 月 5 日*

材料类别	材料名称	单位	数量		单价	金额	备注
			请领	实领			
主要材料	C 材料	千克	1 000	1 000	330	330 000	
合　　计			1 000	1 000	330	330 000	

仓库主管：李丽　　　　材料会计：张强　　　　收料员：赵乐　　　　经办人：赵馨　　　　制单：光勇

表 2-5-4

收　据

2017 年 12 月 12 日

今　收　　到：张红　——————————————————————————————

人民币（大写）：壹佰元整　　　　　　　　　　　　　　　　　　¥100.00

收　款　事　由：上班迟到　——————————————————————————

收　款　单　位：天马有限公司　　　　　　　　　　　　收款人：王微

表 2-5-5-1

天津增值税专用发票

No 13244238

抵扣联

开票日期：2017 年 12 月 31 日

购买方	名　　　称：天马有限公司
	纳税人识别号：667785465487432
	地址、电话：天津市建设路 12 号（65485450）
	开户行及账号：工行天津建设路分理处 868-443-325

密码区　　略

货物或应税劳务、服务名称	规格型号	单位度	数量	单价	金额	税率	税额
电费		度	10 000	0.60	6 000.00	17%	1 020.00
合计					￥6 000.00		￥1 020.00

价税合计（大写）	柒仟零贰拾元整	（小写）￥7 020.00

销售方	名　　　称：天津市南开区供电局
	纳税人识别号：459620635366663
	地址、电话：天津市人民路 112 号（55353456）
	开户行及账号：工行天津人民路分理处 622-559-369

备注

天津市南开区供电局
459620635366663
发票专用章

收款人：王丽丽　　　复核：张松　　　开票人：李红　　　销售方：（章）

第二联：抵扣联　购买方扣税凭证

表 2-5-5-2

天津增值税专用发票

No 13244238

发票联

开票日期：2017 年 12 月 31 日

购买方	名　　　称：天马有限公司
	纳税人识别号：667785465487432
	地址、电话：天津市建设路 12 号（65485450）
	开户行及账号：工行天津建设路分理处 868-443-325

密码区　　略

货物或应税劳务、服务名称	规格型号	单位度	数量	单价	金额	税率	税额
电费		度	10 000	0.60	6 000.00	17%	1 020.00
合计					￥6 000.00		￥1 020.00

价税合计（大写）	柒仟零贰拾元整	（小写）￥7 020.00

销售方	名　　　称：天津市南开区供电局
	纳税人识别号：459620635366663
	地址、电话：天津市人民路 112 号（55353456）
	开户行及账号：工行天津人民路分理处 622-559-369

备注

天津市南开区供电局
459620635366663
发票专用章

收款人：王丽丽　　　复核：张松　　　开票人：李红　　　销售方：（章）

第三联：发票联　购买方记账凭证

表 2-5-5-3

中国工商银行（津）

转账支票存根

No.00246547

附加信息：

出票日期：**2017 年 12 月 31 日**

收 款 人：**天津市南开区供电公司**

金 额：**¥7 020.00**

用 途：**电费**

单位主管： 会计：

表 2-5-6-1

天津增值税专用发票 № 23434238

发票联

开票日期：2017 年 12 月 31 日

购买方	名 称：天马有限公司 纳税人识别号：667785465487432 地址、电话：天津市建设路 12 号（65485450） 开户行及账号：工行天津建设路分理处 868-443-325	密码区	略

货物或应税劳务、服务名称	规格型号	单位	数量	单价	金额	税率	税额
水费		吨	8 000	0.50	4 000.00	17%	440.00
合计					¥4 000.00		¥440.00

价税合计（大写）	肆仟肆佰肆拾元整	（小写）¥4 440.00

销售方	名 称：天津市南开区自来水公司 纳税人识别号：459620366645546 地址、电话：天津市淮海路 66 号（55345677） 开户行及账号：工行天津淮海路分理处 824-354-454	备注

收款人：王兰 复核：李松 开票人：李红 销售方：（章）

459620366645546
发票专用章

第三联：发票联 购买方记账凭证

127

表 2-5-6-2

中国工商银行委托收款凭证（付款通知） 5

第 56752 号

委托日期 2017 年 12 月 28 日　　　付款期限 2017 年 12 月 31 日

付款人	全　　称	天马有限公司	收款人	全　　称	天津市南开区自来水公司		
	账号或住址	868-443-325		账号或住址	824-354-454		
	开户银行	天津市建设路分理处		开户银行	天津市淮海路分理处	行号	824

委托金额	人民币（大写）肆仟肆佰肆拾元整			亿	千	百	十	万	千	百	十	元	角	分
							¥	4	4	4	0	0	0	

款项内容	水费	委托收款凭据名称	收据	附寄单证张数	1

工行建设路分理处 转讫

备注：		款项收妥日期	付款人开户银行盖章
		2017 年 12 月 31 日	2017 年 12 月 28 日

单位主管：　　　　会计：　　　　复核：　　　　记账：

此联是收款人开户行给付款人的付款通知

表 2-5-7

中国工商银行（付款通知）特种转账借方传票

2017 年 12 月 31 日

付款单位	全　　称	天马有限公司		收款单位	全　　称	天津市工行		
	账号或住址	868-443-325			账号或住址	589-225-648		
	开户银行	天津市建设路分理处	行号 868		开户银行	本行	行号	868

金额	人民币（大写）陆仟陆佰元整			亿	千	百	十	万	千	百	十	元	角	分
								¥	6	6	0	0	0	0

原凭证金额	贰拾万元整	赔偿金		科　目（借）	
原凭证名称	借款凭证	号　码	58	对方科目（贷）	
转账原因	支付本季度借款利息			会计：　　　复核：记账：	

注：10月、11月已分别计提 2 200 元。

此联是通知付款人付款的通知联

128

表 2-5-8-1

工 资 结 算 表

2017 年 12 月 31 日

单位：元

人　员	应付工资			代扣款			实发工资
	基本工资	津　贴	合　计	公积金	个人所得税	合　计	
公司管理人员	80 000	35 000	115 000		10 000	10 000	105 000
福利人员	20 000	10 000	30 000		2 000	2 000	28 000
销售人员	8 000	2 000	10 000				10 000
合　计	108 000	47 000	155 000		12 000	12 000	143 000

财务主管：刘玉　　　　　　审核：张寒　　　　　　制单：尤勇

表 2-5-8-2

应付福利费计提表

2017 年 12 月 31 日

金额单位：元

人　员	计提基数（工资总额）	提取比例（％）	应提取福利费
公司管理人员	115 000	14	16 100
福利人员	30 000	14	4 200
销售人员	10 000	14	1 400
合　计	155 000	14	21 700

财务主管：刘玉　　　　　　审核：张寒

表 2-5-9

固定资产折旧计算表

2017 年 12 月 31 日

金额单位：元

部　门	应计提折旧的固定资产原价	月折旧率（％）	本月折旧额
管理部门	400 000	10	40 000
销售部门	100 000	5	5 000
合　计	500 000		45 000

财务主管：刘玉　　　　　　审核：张寒　　　　　　制单：尤勇

表 2-5-10

产品销售成本计算表

2017 年 12 月 31 日

金额单位：元

产品名称	销售数量	单位成本	总成本
甲产品		200	
乙产品		300	
合　计			

财务主管：刘玉　　　　　　　审核：张寒　　　　　　　制单：尤勇

备注：此表需要学生填列。

表 2-5-11

中华人民共和国
税收专用缴款书

国

注册类型：有限责任公司　　　填发日期：*2017 年 12 月 8 日*　　　征收机关：天津市东丽区国税分局

缴款单位（人）	代　码	667785465687432		预算科目	编　码	
	全　称	天马有限公司			名　称	
	开户银行	工行天津建设路分理处			级　次	
	账　号	868-443-325		收款国库	天津市中心支库	

税款所属日期 *2017 年 11 月 01 日至 2017 年 11 月 30 日*	税款限缴日期 *2017 年 12 月 10 日*

品目名称	课税数量	计税金额或销售收入	税率或单位税额	已缴或扣除额	实缴金额									
					千	百	十	万	千	百	十	元	角	分
增值税			17%				1	5	3	0	0	0	0	0
城市维护建设税			7%					1	0	7	1	0	0	0
教育费附加			3%						4	5	9	0	0	0
金额合计 人民币（大写）壹拾陆万捌仟伍佰元整					￥	1	6	8	5	0	0	0	0	0

缴款单位（人）（盖章）　经办人（章）

税务机关（盖章）　填票人（章）

上列款项已收妥并划转收款单位账户　国库（银行）盖章　年 月 日

备注

逾期不缴按税法规定加收滞纳金

表 2-5-12

城市维护建设税计算表

2017 年 12 月 31 日   金额单位：元

计税依据	税　率	税　额
	7%	

财务主管：刘玉　　　　　　　　审核：张寒　　　　　　　　制单：尤勇

备注：此表需要学生填列。

表 2-5-13

损益类账户余额表

2017 年 12 月 31 日   单位：元

账户名称	借方余额	贷方余额
主营业务收入		
其他业务收入		
营业外收入		
主营业务成本		
其他业务成本		
税金及附加		
财务费用		
管理费用		
销售费用		
合　计		

财务主管：刘玉　　　　　　　　审核：张寒　　　　　　　　制单：尤勇

备注：此表需要学生填列。

表 2-5-14

应纳所得税额计算表

2017 年 12 月 31 日   金额单位：元

应纳税所得额	税　率	税　额
	25%	

财务主管：刘玉　　　　　　　　审核：张寒　　　　　　　　制单：尤勇

备注：此表需要学生填列。

表 2-5-15

所得税费用结转计算表

2017 年 12 月 31 日   单位：元

科目名称	借方发生额	贷方发生额	应结转金额	
			借　方	贷　方
所得税费用				
合　计				

财务主管：刘玉　　　　　　　　审核：张寒　　　　　　　　制单：尤勇

备注：此表需要学生填列。

四、实训用纸

本实训任务需要准备以下资料：收款凭证（2）、付款凭证（4）、转账凭证（14）。

收　款　凭　证　　　总字第　　号

借方科目：　　　　　　　年　月　日　　　　　　　字第　　号

摘　要	贷方科目		金　额										记账
	总账科目	明细科目	千	百	十	万	千	百	十	元	角	分	
合　　计													

附单据　　张

会计主管：　　　记账：　　　审核：　　　出纳：　　　制单：

付　款　凭　证　　　总字第　　号

贷方科目：　　　　　　　年　月　日　　　　　　　字第　　号

摘　要	借方科目		金　额										记账
	总账科目	明细科目	千	百	十	万	千	百	十	元	角	分	
合　　计													

附单据　　张

会计主管：　　　记账：　　　审核：　　　出纳：　　　制单：

转　账　凭　证　　　总字第　　号

　　　　　　　　　　　　年　月　日　　　　　　　字第　　号

摘　要	总账科目	明细科目	借方金额										贷方金额										记账
			千	百	十	万	千	百	十	元	角	分	千	百	十	万	千	百	十	元	角	分	
合　　计																							

附单据　　张

会计主管：　　　记账：　　　审核：　　　制单：

133

任务六　　会计报表

一、实训目的

通过实际操作，使学生了解会计报表的种类，掌握对外报送会计报表编制的程序、要求和方法。

二、实训要求

1. 根据实际资料编制总分类账户科目余额表和资产负债表。
2. 根据实际资料编制利润表。
3. 根据实际资料编制现金流量表。

三、实训资料

1. 某股份有限公司为一般纳税人，增值税税率为17%，所得税税率为25%，该公司2016年度及2017年度发行在外的普通股股数均为94 375股。该公司2017年1月1日有关科目的余额见表2-6-1。

表2-6-1

科目余额表

单位：元

科目名称	借方余额	科目名称	贷方余额
库存现金	1 000	短期借款	150 000
银行存款	665 000	应付票据	100 000
其他货币资金	62 150	应付账款	451 900
交易性金融资产	7 500	其他应付款	25 000
应收票据	123 000	应付职工薪酬	55 000
应收账款	150 000	应交税费	18 300.03
坏账准备	−450	应付利息	500
预付账款	50 000	长期借款	800 000
其他应收款	2 500	股本	2 309 025
原材料	275 000	资本公积	60 000
周转材料	44 025	盈余公积	50 000
库存商品	840 000	利润分配	
长期股权投资	125 000	未分配利润	24 999.97
固定资产	750 000		
累计折旧	−200 000		
在建工程	750 000		
无形资产	300 000		
长期待摊费用	100 000		
合计	4 044 725	合计	4 044 725

2016年年度损益类科目发生额见表2-6-2。

表 2-6-2

损益类科目发生额

2016 年度　　　　　　　　　　　　　　　　　　单位：元

科目名称	借方发生额	贷方发生额
主营业务收入		600 000
主营业务成本	360 000	
税金及附加	4 290	
销售费用	44 000	
管理费用	86 000	
财务费用	18 000	
资产减值损失	10 200	
营业外支出	27 510.03	
所得税费用	25 000	

2. 该公司 2017 年发生的经济业务如下：

（1）出纳员签发现金支票提取现金 4 000 元备用。

（2）张宏出差预借差旅费 500 元。

（3）购入原材料一批，用银行存款支付货款 50 000 元以及材料的增值税税额 8 500 元，款项已付，材料已到。

（4）张宏出差归来，报销差旅费 450 元，交回现金 50 元，结清本月预借的差旅费。

（5）销售产品一批，销售价款 200 000 元，增值税税额 34 000 元，产品已发出，货款未收到。

（6）上述销售产品的实际成本为 120 000 元。

（7）公司将短期股票投资处置，账面成本 7 500 元，处置收益 750 元，均存入银行。

（8）购入不需安装的设备 1 台，价款 20 000 元，支付增值税税额 3 400 元，均以银行存款支付。设备已交付使用。

（9）以银行存款支付产品广告费 8 000 元。

（10）购入 1 台需要安装的机器设备，收到的增值税专用发票上注明的设备价款为 100 000 元，增值税进项税额为 17 000 元，用银行存款支付。

（11）支付安装工人工资 2 000 元。

（12）上述设备安装完毕，达到预定可使用状态，交付使用。

（13）该企业的 1 台机器设备经批准报废。设备原价为 30 000 元，累计已计提折旧 25 000 元。

（14）在上述机器设备清理过程中，以银行存款支付清理费用 1 000 元，应支付相关税费 200 元。

（15）收到上述机器设备残料变卖收入 200 元，存入银行。

（16）结转处理上述机器设备净损益。

（17）归还短期借款本金 150 000 元，利息 500 元（已计提）。

（18）提取现金 152 000 元，准备发放工资。

（19）支付工资 152 000 元。

（20）分配应支付的职工工资 150 000 元，其中生产人员工资 137 500 元，车间管理人员工资 5 000 元；行政管理部门人员工资 7 500 元。

（21）提取职工福利费 21 000 元，其中生产工人福利费 19 250 元，车间管理人员福利费 700 元，行政管理部门福利费 1 050 元。

（22）提取应计入本期损益的借款利息共 10 750 元。

（23）摊销无形资产 30 000 元。

（24）用银行存款支付厂部业务招待费 5 000 元、基本生产车间电费 45 000 元。

（25）计提固定资产折旧 50 000 元，其中计入制造费用 40 000 元、管理费用 10 000 元。

（26）收到应收账款 25 000 元，存入银行。

（27）按应收账款余额的 3% 计提坏账准备。

（28）用银行存款支付产品展览费 5 000 元。

（29）公司采用商业承兑汇票结算方式销售产品一批，价款 200 000 元，增值税税额为 34 000 元，收到 234 000 元的商业承兑汇票 1 张。

（30）上述销售产品的实际成本为 120 000 元。

（31）用银行存款缴纳增值税 16 636.40 元；教育费附加 499.09 元，城市维护建设税 1 164.54 元。

（32）生产产品领用原材料 150 000 元。

（33）结转制造费用，本企业只有一个生产车间，制造费用全部转入生产成本。

（34）结转完工产品成本，本月产品全部完工。

（35）计算本月应缴的城市维护建设税（税率为 7%）及教育费附加（征收率为 3%）。

（36）以经营租赁方式租入 H 公司管理用办公设备一批，每月租金 10 000 元，按季支付。

（37）计算出税前会计利润为 52 750 元，假设将该税前会计利润进行纳税调整后的应纳税所得额为 60 000 元，则应交所得税额为 15 000 元（60 000×25%），假定将该应交所得税按照会计准则进行调整后计算确认的所得税费用也为 15 000 元（税率为 25%）。

（38）将各收入利得类账户余额转入"本年利润"账户。

（39）将各费用损失类账户余额转入"本年利润"账户。

（40）按税后利润的 10% 提取法定盈余公积。

（41）按税后利润的 20% 计算应付投资者利润。

（42）将"本年利润"账户余额结转至"未分配利润"账户。

（43）将"利润分配"各明细账户余额结转至"未分配利润"账户。

四、实训用纸

本实训任务需要准备以下资料：试算平衡表（1）、资产负债表（1）、利润表（1）、现金流量表（1）。

试算平衡表

单位：元

科目名称	借方发生额	贷方发生额
库存现金		
银行存款		
交易性金融资产		
应收票据		
应收账款		
坏账准备		
其他应收款		
原材料		
库存商品		
生产成本		
制造费用		
固定资产		
累计折旧		
在建工程		
固定资产清理		
累计摊销		
短期借款		
其他应付款		
应付职工薪酬		
应交税费		
应付利息		
应付利润		
盈余公积		
利润分配		
主营业务收入		
主营业务成本		
税金及附加		
管理费用		
销售费用		
财务费用		
投资收益		
营业外支出		
资产减值损失		
所得税费用		
本年利润		
合计		

资产负债表

会企 01 表

编制单位：某股份有限公司　　　　　　　2017 年 12 月 31 日　　　　　　　　单位：元

资　产	期末余额	年初余额	负债和所有者权益（或股东权益）	期末余额	年初余额
流动资产：			流动负债：		
货币资金			短期借款		
以公允价值计量且其变动计入当期损益的金融资产			以公允价值计量且其变动计入当期损益的金融负债		
衍生金融资产			衍生金融负债		
应收票据			应付票据		
应收账款			应付账款		
预付款项			预收款项		
应收利息			应付职工薪酬		
应收股利			应交税费		
其他应收款			应付利息		
存货			应付股利		
持有待售资产			其他应付款		
一年内到期的非流动资产			持有待售负债		
其他流动资产			一年内到期的非流动负债		
流动资产合计			其他流动负债		
非流动资产：			流动负债合计		
可供出售金融资产			非流动负债：		
持有至到期投资			长期借款		
长期应收款			应付债券		
长期股权投资			其中：优先股		
投资性房地产			永续债		
固定资产			长期应付款		
在建工程			专项应付款		
工程物资			预计负债		
固定资产清理			递延收益		
生产性生物资产			递延所得税负债		
油气资产			其他非流动负债		
无形资产			非流动负债合计		
开发支出			负债合计		
商誉			所有者权益（或股东权益）：		
长期待摊费用			实收资本（或股本）		
递延所得税资产			其他权益工具		
其他非流动资产			其中：优先股		
			永续债		
			资本公积		
			减：库存股		
			其他综合收益		
			盈余公积		
			未分配利润		
			所有者权益（或股东权益）合计		
非流动资产合计					
资产总计			负债和所有者权益（或股东权益）总计		

141

利 润 表

会企 02 表

编制单位：某股份有限公司　　　　　　　　　　2017 年度　　　　　　　　　　单位：元

项　目	本期金额	上期金额
一、营业收入		
减：营业成本		
税金及附加		
销售费用		
管理费用		
财务费用		
资产减值损失		
加：公允价值变动损益（损失以"－"号填列）		
投资收益（损失以"－"号填列）		
其中：对联营企业和合营企业的投资收益		
资产处置收益（损失以"－"号填列）		
其他收益		
二、营业利润（损失以"－"号填列）		
加：营业外收入		
减：营业外支出		
三、利润总额（亏损总额以"－"号填列）		
减：所得税费用		
四、净利润（净亏损以"－"号填列）		
（一）持续经营净利润（净亏损以"－"号填列）		
（二）终止经营净利润（净亏损以"－"号填列）		
五、其他综合收益		
六、综合收益总额		
七、每股收益		
（一）基本每股收益		
（二）稀释每股收益		

现金流量表

编制单位：某股份有限公司　　　　　2017 年度　　　　　单位：元

项　目	本期金额	上期金额（略）
一、经营活动产生的现金流量		
销售商品提供劳务收到的现金		
收到的税费返还		
收到其他与经营活动有关的现金		
经营活动现金流入小计		
购买商品、接受劳务支付的现金		
支付给职工以及为职工支付的现金		
支付的各项税费		
支付其他与经营活动有关的现金		
经营活动现金流出小计		
经营活动产生的现金流量净额		
二、投资活动产生的现金流量		
收回投资收到的现金		
取得投资收益收到的现金		
处置固定资产、无形资产和其他长期资产收回的现金净额		
处置子公司及其他营业单位收到的现金净额		
收到其他与经营活动有关的现金		
投资活动现金流入小计		
购建固定资产、无形资产和其他长期资产支付的现金		
投资支付的现金		
取得子公司和其他营业单位支付的现金净额		
支付其他与投资活动有关的现金		
投资活动现金流出小计		
投资活动产生的现金流量净额		
三、筹资活动产生的现金流量		
吸收投资收到的现金		
取得借款收到的现金		
收到其他与筹资活动有关的现金		
筹资活动现金流入小计		
偿还债务支付的现金		
分配股利、利润或偿还利息支付的现金		
支付其他与筹资活动有关的现金		
筹资活动现金流出小计		
筹资活动产生的现金流量净额		
四、汇率变动对现金及现金等价物的影响		
五、现金及现金等价物净增加额		
加：期初现金及现金等价物余额		
六、期末现金及现金等价物余额		

第三部分

财务会计综合实训

一、实训目的

本实验为综合模拟实验，模拟了某机械制造厂2017年12月份的全部业务。通过这套模拟实训的操作，使学生对工业企业会计核算的全过程有一个系统完整的认识，并熟练系统地掌握工业企业会计核算的基本程序和基本方法，从而达到将所学的会计专业理论知识和实际操作方法融会贯通的目的。

二、实训要求

1. 设置库存现金日记账、银行存款日记账，其他应收款、应收账款、应付账款总账及相应的明细账，登记期初余额。
2. 根据实训资料中的外来或自制的原始凭证编制记账凭证。
3. 根据记账凭证逐日逐笔登记日记账和明细账、总账。
4. 按日结计日记账和明细账余额，总账登记采用科目汇总表账务处理程序，按旬汇总。
5. 月末结日记账和明细账、总账。
6. 将银行存款日记账与银行对账单进行核对，并编制银行存款余额调节表。
7. 月末进行对账和结账。
8. 编制资产负债表、利润表和现金流量表。
9. 整理会计资料，将记账凭证装订成册。

三、实训资料

黄河电机厂设有一个基本生产车间，生产甲产品和乙产品。该企业为增值税一般纳税人，企业所得税税率为25%，存货发出计价方法为先进先出法。

（一）2017年11月末各总分类账户余额

表3-1　　　　　　　　　　　　　2017年11月末各总分类账户余额　　　　　　　　　　　单位：元

账户	借或贷	金额	账户	借或贷	金额
一、资产类			二、负债类		
库存现金	借	1 000	短期借款	贷	123 800
银行存款	借	259 750	应付票据	贷	60 000
其他货币资金	借	100 000	应付账款	贷	84 000
交易性金融资产	借	50 000	应付利息	贷	1 200
应收账款	借	100 000	应付职工薪酬	贷	124 000
原材料	借	450 000	应交税费	贷	19 100
周转材料	借	32 500	应付利润	贷	28 200
库存商品	借	290 500	预收账款	贷	9 750
预付账款	借	27 000	长期借款	贷	150 000
长期股权投资	借	128 000	三、所有者权益类		

账户	借或贷	金额	账户	借或贷	金额
固定资产	借	1 736 400	实收资本	贷	1 575 000
累计折旧	贷	578 800	资本公积	贷	165 300
无形资产	借	200 000	盈余公积	贷	108 300
			本年利润	贷	172 500
			利润分配	贷	175 200
合计		2 796 350	合计		2 796 350

（二）2017 年 11 月末有关明细分类账户余额

表 3-2-1　　　　　　　　　　　交易性金融资产明细账　　　　　　　　　单位：元

明细账户	借或贷	余额
成本	借	45 000
公允价值变动	借	5 000
合计	借	50 000

表 3-2-2　　　　　　　　　　　其他货币资金明细账　　　　　　　　　　单位：元

明细账户	借或贷	余额
存出投资款	借	100 000
合计	借	100 000

表 3-2-3　　　　　　　　　　　原材料明细账　　　　　　　　　　金额单位：元

明细账户	单位	结存		
		数量	单价	金额
甲材料	千克	7 875	20	157 500
乙材料	千克	18 750	10	187 500
丙材料	件	500	210	105 000
合计				450 000

表 3-2-4　　　　　　　　　　　周转材料明细账　　　　　　　　　金额单位：元

明细账户	单位	结存		
		数量	单价	金额
包装物	千克	1 000	19	19 000
低值易耗品	千克	1 000	13.5	13 500
合计				32 500

表 3-2-5 库存商品明细账 金额单位：元

明细账户	单位	结存		
		数量	单位成本	金额
甲产品	件	1 250	170	212 500
乙产品	台	78	1 000	78 000
合计				290 500

表 3-2-6 应收账款明细账 单位：元

明细账户	借或贷	余额
A 公司	借	75 000
B 公司	借	25 000
合计	借	100 000

表 3-2-7 固定资产明细账 单位：元

明细账户	借或贷	余额
房屋	借	1 050 000
机器设备	借	360 000
运输工具	借	326 400
合计	借	1 736 400

表 3-2-8 应交税费明细账 单位：元

明细账户	借或贷	余额
未交增值税	贷	3 400
应交所得税	贷	15 700
合计	贷	19 100

表 3-2-9 应付账款明细账 单位：元

明细账户	借或贷	余额
C 公司	贷	60 000
D 公司	贷	21 000
E 公司	贷	3 000
合计	贷	84 000

表 3-2-10 应付票据明细账 单位：元

明细账户	借或贷	余额
G 公司	贷	60 000
合计	贷	60 000

表 3-2-11 盈余公积明细账 单位：元

明细账户	借或贷	余额
法定盈余公积	贷	70 000
任意盈余公积	贷	38 300
合计	贷	108 300

表 3-2-12 利润分配明细账 单位：元

明细账户	借或贷	余额
未分配利润	贷	175 200
合计	贷	175 200

（三）2017 年 1—11 月损益类账户累计发生额

表 3-3 2017 年 1 月—11 月损益类账户累计发生额 单位：元

科目	发生额	
	借方	贷方
主营业务收入		1 712 500
——甲产品		1 000 000
——乙产品		712 500
主营业务成本	1 237 000	
——甲产品	800 000	
——乙产品	437 000	
其他业务收入		7 500
其他业务成本	6 000	
税金及附加	87 000	
——甲产品	50 000	
——乙产品	37 000	
管理费用	107 500	

科目	发生额	
	借方	贷方
——职工薪酬	60 000	
——办公费	25 000	
——折旧费	15 000	
——差旅费	5 000	
——其他	2 500	
销售费用	45 000	
——广告费	30 000	
——展览费	10 000	
——其他	5 000	
财务费用	27 500	
——利息支出	27 500	
——利息收入		2 500
——手续费	2 500	
投资收益		18 000
营业外收入		5 000
营业外支出	3 000	
所得税费用	57 500	

（四）黄河电机厂 2017 年 12 月份发生的经济业务取得的原始凭证

表 3-4-1

中国工商银行借款凭证

银行编号：498752　　　　　　　　2017 年 12 月 1 日

贷款单位	黄河电机厂	贷款申请书编号		2565	贷款利率		3%	存款账号	210-012-345	
贷款金额	贰拾万元整	百 十 万 千 百 十 元 角 分				还款日期			2018 年 5 月 1 日	
		￥ 2 0 0 0 0 0 0 0								
银行核定金额	人民币（大写）贰拾万元整			银行核定还款日期				2018 年 5 月 1 日		
				银行实际放款日期				2017 年 12 月 1 日		

单位：北京市工行长安路分理处　　　记账：杨泉　　　复核：曹玉　　　制单：尹红

第二联：记账联

表 3-4-2-1

北京增值税专用发票

北京增值税专用发票
抵扣联

No 72251522

开票日期：2017 年 12 月 2 日

购买方	名　　　称：黄河电机厂 纳税人识别号：212345678123358 地址、电话：北京市长安路 28 号（85471293） 开户行及账号：工行北京长安路分理处 210-012-345					密码区	略

货物或应税劳务、服务名称	规格型号	单位	数量	单价	金额	税率	税额
A 型机床			1	50 000.00	50 000.00	17%	8 500.00
合计					￥50 000.00		￥8 500.00

价税合计（大写）	伍万捌仟伍佰元整	（小写）￥58 500.00

销售方	名　　　称：北京市物资公司 纳税人识别号：654210965754456 地址、电话：北京市上海路 28 号（65214782） 开户行及账号：工行北京上海路分理处 632-458-147	备注

收款人：姜文辉　　　　复核：李畅　　　　开票人：吴小东　　　　销售方：（章）

第二联：抵扣联　购买方扣税凭证

表 3-4-2-2

北京增值税专用发票

北京增值税专用发票
发票联

No 72251522

开票日期：2017 年 12 月 2 日

购买方	名　　　称：黄河电机厂 纳税人识别号：212345678123358 地址、电话：北京市长安路 28 号（85471293） 开户行及账号：工行北京长安路分理处 210-012-345					密码区	略

货物或应税劳务、服务名称	规格型号	单位	数量	单价	金额	税率	税额
A 型机床			1	50 000.00	50 000.00	17%	8 500.00
合计					￥50 000.00		￥8 500.00

价税合计（大写）	伍万捌仟伍佰元整	（小写）￥58 500.00

销售方	名　　　称：北京市物资公司 纳税人识别号：654210965754456 地址、电话：北京市上海路 28 号（65214782） 开户行及账号：工行北京上海路分理处 632-458-147	备注

收款人：姜文辉　　　　复核：李畅　　　　开票人：吴小东　　　　销售方：（章）

第三联：发票联　购买方记账凭证

表 3-4-2-3

表 3-4-2-4

固定资产验收入库单

供应单位：*北京市物资公司*   *2017* 年 *12* 月 *2* 日

固定资产类别	固定资产名称	单位	数量	单价	金额
机器设备	*A 型机床*	*台*	*1*		
合计					

验收：   经办人：   制单：

第二联：记账联

表 3-4-3

中国工商银行借款凭证

银行编号：*498769*   *2017* 年 *12* 月 *3* 日

贷款单位	*黄河电机厂*	贷款申请书编号	*2566*	贷款利率	*8.4%*	存款账号	*210-012-345*
贷款金额	*叁拾万元整*	十 万 千 百 十 元 角 分 *3 0 0 0 0 0 0 0*		还款日期		*2015* 年 *12* 月 *3* 日	
银行核定金额	人民币（大写）*叁拾万元整*			银行核定还款日期		*2019* 年 *12* 月 *3* 日	
				银行实际放款日期		*2017* 年 *12* 月 *3* 日	

单位：*北京市工行长安路分理处*   记账：*杨泉*   复核：*曹玉*   制单：*尹红*

第二联：记账联

表 3-4-4-1

中国工商银行（京）

转账支票存根

№ 00660502

附加信息：

出票日期：*2017* 年 *12* 月 *4* 日

收 款 人：*北京市利云公司*

金 额：*¥70 200.00*

用 途：*购甲材料*

单位主管： 会 计：

表 3-4-4-2

北京增值税专用发票

抵扣联

№ 87691653

开票日期：2017 年 12 月 4 日

购买方	名 称：黄河电机厂 纳税人识别号：212345678123358 地址 、电话：北京市长安路28号（85471293） 开户行及账号：工行北京长安路分理处 210-012-345					密码区		略	
货物或应税劳务、服务名称	规格型号	单位	数量	单价	金额		税率	税额	
甲材料			3 000	20.00	60 000.00		17%	10 200.00	
合计					¥60 000.00			¥10 200.00	
价税合计（大写）		柒万零贰佰元整					（小写） ¥70 200.00		
销售方	名 称：北京市利云公司 纳税人识别号：654210965712175 地址 、电话：北京市闽江路263号（82145367） 开户行及账号：工行北京闽江路分理处 575-654-123					备注			

收款人：郭蕊　　复核：韩梦　　开票人：孙芳　　销售方：（章）

654210965712175

发票专用章

第一联：抵扣联 购买方扣税凭证

表 3-4-4-3

北京增值税专用发票

发票联

№ 87691653

开票日期：2017 年 12 月 4 日

购买方	名称：黄河电机厂 纳税人识别号：212345678123358 地址、电话：北京市长安路 28 号（85471293） 开户行及账号：工行北京长安路分理处 210-012-345				密码区		略	

货物或应税劳务、服务名称	规格型号	单位	数量	单价	金额	税率	税额
甲材料			3 000	20.00	60 000.00	17%	10 200.00
合计					¥ 60 000.00		¥ 10 200.00

价税合计（大写）	柒万零贰佰元整	（小写）¥ 70 200.00

销售方	名称：北京市利云公司 纳税人识别号：654210965712175 地址、电话：北京市闽江路 263 号（82145367） 开户行及账号：工行北京闽江路分理处 575-654-123	备注	北京市利云公司 654210965712175 发票专用章

收款人：郭蕊　　　复核：韩梦　　　开票人：孙芳　　　销售方：（章）

第三联：发票联　购买方记账凭证

表 3-4-4-4

材料验收入库单

供应单位：北京市利云公司　　　2017 年 12 月 4 日

材料类别	材料名称	单位	数量	实收数量	单价	金额
101	甲材料	千克	3 000	3 000		
合计						

仓库主管：张亮　　　材料会计：李艾　　　收料员：王秋　　　经办人：王莹　　　制单：郑颖

备注：此表需要学生填列。

第二联：记账联

表 3-4-5-1

中国工商银行（京）
转账支票存根
№00660503

附加信息：

出票日期：*2017 年 12 月 4 日*

收 款 人：*宏图广告公司*

金 额：*￥8 480.00*

用 途：*广告费*

单位主管： 会计：

表 3-4-5-2

北京增值税专用发票

№ 79654238

抵扣联

开票日期：2017 年 12 月 4 日

购买方	名 称：黄河电机厂 纳税人识别号：212345678123358 地 址 、电 话：北京市长安路 28 号（85471293） 开户行及账号：工行北京长安路分理处 210-012-345	密码区	略	
货物或应税劳务、服务名称	规格型号	单位	数量	单价	金额	税率	税额

货物或应税劳务、服务名称	规格型号	单位	数量	单价	金额	税率	税额
广告费					8 000.00	6%	480.00
合计					￥8 000.00		￥480.00

价税合计（大写）	捌仟肆佰捌拾元整	（小写）￥8 480.00

销售方	名 称：宏图广告公司 纳税人识别号：358420876966669 地 址 、电 话：北京市大望路 73 号（54988856） 开户行及账号：工行北京大望路分理处 757-559-456	备注	

收款人：于灵 复核：张泛 开票人：李小静 销售方：（章）

第二联：抵扣联 购买方扣税凭证

158

表 3-4-5-3

北京增值税专用发票

No 79654238

发票联

开票日期：2017 年 12 月 4 日

购买方	名　　称：黄河电机厂 纳税人识别号：212345678123358 地址、电话：北京市长安路 28 号（85471293） 开户行及账号：工行北京长安路分理处 210-012-345					密码区	略		
货物或应税劳务、服务名称	规格型号	单位	数量	单价	金额	税率	税额		
广告费					8 000.00	6%	480.00		
合计					¥ 8 000.00		¥ 480.00		
价税合计（大写）		捌仟肆佰捌拾元整				（小写）　¥ 8 480.00			
销售方	名　　称：宏图广告公司 纳税人识别号：358420876966669 地址、电话：北京市大望路 73 号（54988856） 开户行及账号：工行北京大望路分理处 757-559-456					备注			

收款人：于灵　　　复核：张泛　　　开票人：李小静　　　销售方：（章）

第三联：发票联　购买方记账凭证

表 3-4-6

北京增值税专用发票

No 46878785

记账联

开票日期：2017 年 12 月 4 日

购买方	名　　称：北京市和田公司 纳税人识别号：222225981569996 地址、电话：北京市黄海路 126 号（84916624） 开户行及账号：工行北京黄海路分理处 654-210-965					密码区	略		
货物或应税劳务、服务名称	规格型号	单位	数量	单价	金额	税率	税额		
甲产品		件	1 000	300.00	300 000.00	17%	51 000.00		
合计					¥ 300 000.00		¥ 51 000.00		
价税合计（大写）		叁拾伍万壹仟元整				（小写）　¥ 351 000.00			
销售方	名　　称：黄河电机厂 纳税人识别号：212345678123358 地址、电话：北京市长安路 28 号（85471293） 开户行及账号：工行北京长安路分理处 210-012-345					备注			

收款人：李凯　　　复核：王彬　　　开票人：谢峰　　　销售方：（章）

第一联：记账联　销售方记账凭证

表 3-4-7

股票交割单

客户名称：黄河电机厂　　　2017 年 12 月 5 日　　　№6978587

成交时间	股票代码	成交价格（元/股）	数量（股）	成交额（元）
2017 年 12 月 5 日	600882	6.50	10 000	65 000

表 3-4-8

中国工商银行（京）
现金支票存根
№00621201

附加信息：

出票日期：2017 年 12 月 5 日

收 款 人：黄河电机厂

金　　额：￥24 000.00

用　　途：备用金

单位主管：　　　会计：

表 3-4-9-1

北京增值税专用发票
抵扣联

№ 72251725

开票日期：2017 年 12 月 5 日

购买方	名　　称：黄河电机厂　　纳税人识别号：212345678123358　　地址、电话：北京市长安路 28 号（85471293）　　开户行及账号：工行北京长安路分理处 210-012-345					密码区	略		
货物或应税劳务、服务名称	规格型号	单位	数量	单价	金额	税率	税额		
B 型机床			1	100 000.00	100 000.00	17%	17 000.00		
合计					￥100 000.00		￥17 000.00		
价税合计（大写）	壹拾壹万柒仟元整					（小写）￥117 000.00			
销售方	名　　称：北京市机床厂　　纳税人识别号：654210965738375　　地址、电话：北京市岭南路 99 号（87593261）　　开户行及账号：工行北京岭南路分理处 258-778-445					备注	654210965738375　发票专用章		

第二联：抵扣联　购买方扣税凭证

收款人：李洁　　复核：张峰　　开票人：崔鹏　　销售方：（章）

表 3-4-9-2

北京增值税专用发票

No 72251725

开票日期：2017 年 12 月 5 日

购买方	名 称：黄河电机厂 纳税人识别号：212345678123358 地 址 、电 话：北京市长安路 28 号（85471293） 开户行及账号：工行北京长安路分理处 210-012-345	密码区	略

货物或应税劳务、服务名称	规格型号	单位	数量	单价	金额	税率	税额
B 型机床			1	100 000.00	100 000.00	17%	17 000.00
合计					￥100 000.00		￥17 000.00

价税合计（大写）	壹拾壹万柒仟元整	（小写）￥117 000.00

销售方	名 称：北京市机床厂 纳税人识别号：654210965738375 地 址 、电 话：北京市岭南路 99 号（87593261） 开户行及账号：工行北京岭南路分理处 258-778-445	备注	北京市机床厂 654210965738375 发票专用章

收款人：李洁　　　　复核：张峰　　　　开票人：崔鹏　　　　销售方：（章）

第三联：发票联 购买方记账凭证

表 3-4-9-3

中国工商银行（京）
转账支票存根

No 00660504

附加信息：

出票日期：2017 年 12 月 5 日

收 款 人：北京市机床厂

金 额：￥117 000.00

用 途：购 B 型机床

单位主管：　　　　会计：

备注：该机器设备需要安装。

161

表 3-4-10

B 型机床安装工人工资计算表

编制单位：*黄河电机厂*　　　　　　2017 年 12 月 6 日　　　　　　　　　单位：元

姓名	金额	领款人签字
张力	800	张力
李晔	800	李晔
黄海	700	黄海
刘涛	700	刘涛
合计	人民币：叁仟元整	¥ 3 000.00

表 3-4-11

固定资产入库单

供应单位：*北京市机床厂*　　　　　　2017 年 12 月 6 日

固定资产类别	固定资产名称	单位	数量	单价	金额
	B 型机床		1		
合计					

第二联：记账联

备注：此表需要学生填列。

表 3-4-12-1

北京增值税专用发票

抵扣联

№ 14614656

开票日期：2017 年 12 月 4 日

购买方	名　　称：黄河电机厂 纳税人识别号：212345678123358 地址、电话：北京市长安路 28 号（85471293） 开户行及账号：工行北京长安路分理处 210-012-345	密码区	略

货物或应税劳务、服务名称	规格型号	单位	数量	单价	金额	税率	税额
专利技术					315 000.00	6%	18 900.00
合计					¥ 315 000.00		¥ 18 900.00

价税合计（大写）	叁拾叁万叁仟玖佰元整	（小写）¥ 333 900.00

销售方	名　　称：鸿腾科技开发公司 纳税人识别号：358429877956659 地址、电话：北京市望春路 8 号（54345856） 开户行及账号：工行北京望春路分理处 655-569-756	备注	

第二联：抵扣联　购买方扣税凭证

收款人：张研　　　复核：张鸿　　　开票人：李雁　　　销售方：（章）

表 3-4-12-2

北京增值税专用发票

№ 14614656

发票联

开票日期：2017 年 12 月 4 日

| 购买方 | 名 称：黄河电机厂
纳税人识别号：212345678123358
地 址、电话：北京市长安路 28 号（85471293）
开户行及账号：工行北京长安路分理处 210-012-345 | | | | | 密码区 | | 略 | |

货物或应税劳务、服务名称	规格型号	单位	数量	单价	金额	税率	税额
专利技术					315 000.00	6%	18 900.00
合 计					¥315 000.00		¥18 900.00

价税合计（大写）	叁拾叁万叁仟玖佰元整	（小写） ¥333 900.00

| 销售方 | 名 称：鸿腾科技开发公司
纳税人识别号：35842987795 6659
地 址、电话：北京市望春路 8 号（54345856）
开户行及账号：工行北京望春路分理处 655-569-756 | 备注 | |

收款人：张研　　复核：张鸿　　开票人：李雁　　销售方：（章）

第三联：发票联 购买方记账凭证

表 3-4-12-3

中国工商银行（京）
转账支票存根
№00660505

附加信息：
出票日期：**2017 年 12 月 6 日**
收 款 人：**鸿腾科技开发公司**
金 额：**¥333 900.00**
用 途：**购专利技术**
单位主管：　　　会计：

163

表 3-4-13

固定资产清理报告单

2017 年 12 月 6 日

固定资产名称	*3 号生产设备*	
固定资产原值	人民币（大写）*陆万元整*	
累计折旧	人民币（大写）*肆万伍仟元整*	
清查结果：*报废*	领导批示：*同意*	

表 3-4-14-1

北京增值税专用发票

抵扣联

№ 13232326

开票日期：2017 年 12 月 6 日

<table>
<tr><td rowspan="4">购买方</td><td>名　　称：黄河电机厂</td><td rowspan="4">密码区</td><td rowspan="4">略</td></tr>
<tr><td>纳税人识别号：212345678123358</td></tr>
<tr><td>地址、电话：北京市长安路 28 号（85471293）</td></tr>
<tr><td>开户行及账号：工行北京长安路分理处 210-012-345</td></tr>
</table>

货物或应税劳务、服务名称	规格型号	单位	数量	单价	金额	税率	税额
设备拆除费					4 000.00	11%	440.00
合计					￥4 000.00		￥440.00

价税合计（大写）	肆仟肆佰肆拾元整	（小写）￥4 440.00

<table>
<tr><td rowspan="4">销售方</td><td>名　　称：天马拆迁服务公司</td><td rowspan="4">备注</td></tr>
<tr><td>纳税人识别号：877956358429877956</td></tr>
<tr><td>地址、电话：北京市望京路 228 号（54343456）</td></tr>
<tr><td>开户行及账号：工行北京望京路分理处 659-589-756</td></tr>
</table>

收款人：王大丽　　　复核：李鸿英　　　开票人：刘小　　　销售方：（章）

第二联：抵扣联　购买方扣税凭证

表 3-4-14-2

北京增值税专用发票

No 13232326

发票联

开票日期：2017 年 12 月 6 日

购买方	名　　称：黄河电机厂 纳税人识别号：212345678123358 地址、电话：北京市长安路 28 号（85471293） 开户行及账号：工行北京长安路分理处 210-012-345	密码区	略

货物或应税劳务、服务名称	规格型号	单位	数量	单价	金额	税率	税额
设备拆除费					4 000.00	11%	440.00
合计					￥4 000.00		￥440.00

价税合计（大写）	肆仟肆佰肆拾元整	（小写）￥4 440.00

销售方	名　　称：天马拆迁服务公司 纳税人识别号：877956358429877956 地址、电话：北京市望京路 228 号（54343456） 开户行及账号：工行北京望京路分理处 659-589-756	备注	

收款人：王大丽　　　复核：李鸿英　　　开票人：刘小　　　销售方：（章）

第三联：发票联 购买方记账凭证

表 3-4-14-3

中国工商银行（京）
转账支票存根

No 00660506

附加信息：

出票日期：2017 年 12 月 6 日

收 款 人：天马拆迁服务公司

金　　额：￥4 440.00

用　　途：设备拆除费

单位主管：　　　会计：

165

表 3-4-15-1

中国工商银行进账单（回单）　　1

2017 年 12 月 6 日　　　　　　　　　　　　第 0056988 号

<table>
<tr><td rowspan="3">付款人</td><td>全　　称</td><td>废旧物资回收公司</td><td rowspan="3">收款人</td><td>全　　称</td><td>黄河电机厂</td></tr>
<tr><td>账　　号</td><td>215-634-850</td><td>账　　号</td><td>210-012-345</td></tr>
<tr><td>开户银行</td><td>北京市朝阳路分理处</td><td>开户银行</td><td>北京市长安路分理处</td></tr>
<tr><td>金额</td><td colspan="2">人民币
（大写）玖仟元整</td><td colspan="3">亿 千 百 十 万 千 百 十 元 角 分
工行长安路分理处
¥9 0 0 0 0 0
2017.12.06
转讫</td></tr>
<tr><td>票据种类</td><td colspan="2">转账支票</td><td colspan="2">开户银行签章</td><td></td></tr>
</table>

此联是开户银行交给收款人的回单

表 3-4-15-2

收　据（记账联）

2017 年 12 月 6 日

<table>
<tr><td>收款金额</td><td>玖仟元整</td><td>¥9 000.00</td></tr>
<tr><td>收款事由</td><td colspan="2">设备残料变卖收入</td></tr>
<tr><td>领导批示</td><td>财务负责人</td><td>收款人</td></tr>
<tr><td>李骏</td><td>张强</td><td>李维</td></tr>
</table>

表 3-4-16

固定资产清理损益结转单

2017 年 12 月 6 日

<table>
<tr><td>固定资产名称</td><td colspan="2">3 号生产设备</td></tr>
<tr><td>固定资产原值</td><td colspan="2">人民币（大写）陆万元整</td></tr>
<tr><td>累计折旧</td><td colspan="2">人民币（大写）肆万伍仟元整</td></tr>
<tr><td>累计借方</td><td>累计贷方</td><td></td></tr>
</table>

备注：此表需要学生填列。

表 3-4-17

借　据

2017 年 12 月 8 日

<table>
<tr><td>借款金额</td><td colspan="3">壹仟伍佰元整</td><td>¥1 500.00</td></tr>
<tr><td>借款事由</td><td colspan="4">公出</td></tr>
<tr><td>领导批示</td><td>财务负责人</td><td>借款部门负责人</td><td colspan="2">借款人</td></tr>
<tr><td>李骏</td><td>张强</td><td>李林</td><td colspan="2">刘飞</td></tr>
</table>

表 3-4-18-1

北京增值税专用发票

No 27827878

抵扣联

开票日期：2017 年 12 月 8 日

购买方	名　　　称：黄河电机厂 纳税人识别号：212345678123358 地址、电话：北京市长安路28号（85471293） 开户行及账号：工行北京长安路分理处 210-012-345	密码区	略

货物或应税劳务、服务名称	规格型号	单位	数量	单价	金额	税率	税额
展览费			1	10 000.00	10 000.00	6%	600.00
合计					¥ 10 000.00		¥ 600.00

价税合计（大写）	壹万零陆佰元整	（小写）¥ 10 600.00

销售方	名　　　称：宏图广告公司 纳税人识别号：358420876966669 地址、电话：北京市大望路73号（54988856） 开户行及账号：工行北京大望路分理处 757-559-456	备注	宏图广告公司 358420876966669 发票专用章

收款人：唐丽丽　　　复核：华英　　　开票人：李芳　　　销售方：（章）

第二联：抵扣联 购买方扣税凭证

表 3-4-18-2

北京增值税专用发票

No 27827878

发票联

开票日期：2017 年 12 月 8 日

购买方	名　　　称：黄河电机厂 纳税人识别号：212345678123358 地址、电话：北京市长安路28号（85471293） 开户行及账号：工行北京长安路分理处 210-012-345	密码区	略

货物或应税劳务、服务名称	规格型号	单位	数量	单价	金额	税率	税额
展览费			1	10 000.00	10 000.00	6%	600.00
合计					¥ 10 000.00		¥ 600.00

价税合计（大写）	壹万零陆佰元整	（小写）¥ 10 600.00

销售方	名　　　称：宏图广告公司 纳税人识别号：358420876966669 地址、电话：北京市大望路73号（54988856） 开户行及账号：工行北京大望路分理处 757-559-456	备注	宏图广告公司 358420876966669 发票专用章

收款人：唐丽丽　　　复核：华英　　　开票人：李芳　　　销售方：（章）

第三联：发票联 购买方记账凭证

表 3-4-18-3

中国工商银行（京）

转账支票存根

№00660507

附加信息：

出票日期：*2017* 年 *12* 月 *8* 日

收　款　人：*宏图广告公司*

金　　　额：*￥10 600.00*

用　　　途：*展览费*

单位主管：　　　会计：

表 3-4-19-1

材料验收入库单

供应单位：*北京市田力公司*　　*2017* 年 *12* 月 *9* 日

材料类别	材料名称	单位	数量	实收数量	单价	金额
101	*甲材料*	*千克*	*2 000*	*2 000*		
102	*乙材料*	*千克*	*3 000*	*3 000*		
合　计						

仓库主管：*张亮*　　材料会计：*李艾*　　收料员：*王秋*　　经办人：*王莹*　　制单：*郑颖*

备注：此表需要学生填列。

第二联：记账联

168

表 3-4-19-2

北京增值税专用发票

抵扣联

№ 22000011

开票日期：2017 年 12 月 9 日

购买方	名　　称：黄河电机厂 纳税人识别号：212345678123358 地址、电话：北京市长安路28号（85471293） 开户行及账号：工行北京长安路分理处 210-012-345	密码区	略

货物或应税劳务、服务名称	规格型号	单位	数量	单价	金额	税率	税额
甲材料			2 000	20.00	40 000.00	17%	6 800.00
乙材料			3 000	10.00	30 000.00	17%	5 100.00
合计					￥70 000.00		￥11 900.00

价税合计（大写）	捌万壹仟玖佰元整	（小写）￥81 900.00

销售方	名　　称：北京市田力公司 纳税人识别号：457569012456210 地址、电话：北京市青海路87号（89632589） 开户行及账号：工行北京青海路分理处 685-548-721	备注	北京市田力公司 457569012456210 发票专用章

收款人：祝衡　　　复核：吴凯　　　开票人：王旋　　　销售方：（章）

第二联：抵扣联　购买方扣税凭证

表 3-4-19-3

北京增值税专用发票

发票联

№ 22000011

开票日期：2017 年 12 月 9 日

购买方	名　　称：黄河电机厂 纳税人识别号：212345678123358 地址、电话：北京市长安路28号（85471293） 开户行及账号：工行北京长安路分理处 210-012-345	密码区	略

货物或应税劳务、服务名称	规格型号	单位	数量	单价	金额	税率	税额
甲材料			2 000	20.00	40 000.00	17%	6 800.00
乙材料			3 000	10.00	30 000.00	17%	5 100.00
合计					￥70 000.00		￥11 900.00

价税合计（大写）	捌万壹仟玖佰元整	（小写）￥81 900.00

销售方	名　　称：北京市田力公司 纳税人识别号：457569012456210 地址、电话：北京市青海路87号（89632589） 开户行及账号：工行北京青海路分理处 685-548-721	备注	北京市田力公司 457569012456210 发票专用章

收款人：祝衡　　　复核：吴凯　　　开票人：王旋　　　销售方：（章）

第三联：发票联　购买方记账凭证

表 3-4-19-4

中国工商银行（京）
转账支票存根
№00660508

附加信息：

出票日期：*2017* 年 *12* 月 *9* 日

收 款 人：北京市田力公司

金 额：*¥81 900.00*

用 途：购料款

单位主管：　　　　会计：

表 3-4-19-5

北京增值税专用发票

№ 23654238

抵扣联

开票日期：2017 年 12 月 9 日

购买方	名 称：黄河电机厂 纳税人识别号：212345678123358 地址、电话：北京市长安路 28 号（85471293） 开户行及账号：工行北京长安路分理处 210-012-345				密码区	略	
货物或应税劳务、服务名称	规格型号	单位	数量	单价	金额	税率	税额
运杂费			1	500.00	500.00	11%	55.00
合计					¥ 500.00		¥ 55.00
价税合计（大写）	伍佰伍拾伍元整					（小写）¥ 555.00	
销售方	名 称：北京市田力运输公司 纳税人识别号：976966358420897798 地址、电话：北京市王城路 713 号（54983214） 开户行及账号：工行北京王城路分理处 757-789-496				备注		

收款人：李丽丽　　　　复核：张英　　　　开票人：李天　　　　销售方：（章）

第二联：抵扣联　购买方扣税凭证

表 3-4-19-6

北京增值税专用发票

No 23654238

开票日期：2017 年 12 月 9 日

购买方	名　　　称：黄河电机厂 纳税人识别号：212345678123358 地　址 、电话：北京市长安路 28 号（85471293） 开户行及账号：工行北京长安路分理处 210-012-345	密码区	略	第三联：发票联　购买方记账凭证

货物或应税劳务、服务名称	规格型号	单位	数量	单价	金额	税率	税额
运杂费			1	500.00	500.00	11%	55.00
合　计					￥500.00		￥55.00

价税合计（大写）	伍佰伍拾伍元整	（小写）￥555.00

销售方	名　　　称：北京市田力运输公司 纳税人识别号：976966358420897798 地　址 、电话：北京市王城路 713 号（54983214） 开户行及账号：工行北京王城路分理处 757-789-496	备注	

收款人：李丽丽　　　复核：张英　　　开票人：李天　　　销售方：（章）

（印章：北京市田力运输公司 976966358420897798 发票专用章）

表 3-4-19-7

中国工商银行（京）
转账支票存根

No 00660509

附加信息：

出票日期：	2017 年 12 月 9 日
收 款 人：	北京市田力运输公司
金　　额：	￥555.00
用　　途：	运杂费
单位主管：　　　会计：	

表 3-4-20

中国工商银行（京）
现金支票存根
№00621202

附加信息：	
出票日期：*2017* 年 *12* 月 *10* 日	
收 款 人：*黄河电机厂*	
金 额：*¥172 200.00*	
用 途：*发工资及辞退补偿*	
单位主管：	会计：

表 3-4-21-1

辞退福利计算表
2017 年 12 月 10 日

部门	生产车间	姓名	张越
事由	解除劳动关系补偿费用		
金额	陆万元整	¥60 000.00	
领导批示	人力资源部		财务负责人
王山	陈丽		李明

表 3-4-21-2

收　　据（记账联）
2017 年 *12* 月 *10* 日

收款金额	陆万元整	¥60 000.00
收款事由	解除劳动关系补偿费用	
领导批示	财务负责人	收款人
王山	李明	张越

表 3-4-22

工资结算表

2017 年 12 月 10 日

单位：元

人员	应付工资			领款人签字
	基本工资	津贴	合计	
甲产品生产工人	35 000	15 000	50 000	李丽
乙产品生产工人	20 000	10 000	30 000	王霞
车间管理人员	7 200	5 000	12 200	曹勇
公司管理人员	10 000	5 000	15 000	杜青
福利人员	4 000	1 000	5 000	吕顺
合计	76 200	36 000	112 200	
合计（大写）：人民币壹拾壹万贰仟贰佰元整			（小写）￥112 200.00	

财务主管：李明　　　　　　　审核：张寒　　　　　　　制单：陈娟

表 3-4-23-1

差旅费报销单

2017 年 12 月 10 日

部门名称	办公室				姓名		刘飞
出差事由	开会				出差日期自 2017 年 12 月 9 日		
地点	杭州				至 2017 年 12 月 10 日　共 2 天		
项目金额	交通工具				住宿费	伙食费	其他
	飞机	火车	汽车	卧铺			
			400		200		400
报销总额	人民币（大写）壹仟元整				￥1 000.00		
预借差旅费	￥1 500.00				补领金额		
					退还金额		500.00

财务负责人：李明　　　　　　部门领导签字：李林　　　　　　领款人：刘飞

表 3-4-23-2

收　据（记账联）

2017 年 12 月 6 日

收款金额	人民币伍佰元整	￥500.00
收款事由	刘飞差旅费还款	
领导批示	财务负责人	收款人
王山	李明	陈娟

表 3-4-24-1

北京增值税专用发票

No 56784238

抵扣联

开票日期：2017 年 12 月 10 日

购买方	名　称：黄河电机厂 纳税人识别号：212345678123358 地址、电话：北京市长安路（85471293） 开户行及账号：工行北京长安路分理处 210-012-345				密码区	略		
货物或应税劳务、服务名称	规格型号	单位	数量	单价	金额	税率	税额
复印纸			100	25.80	2 580.00	17%	438.60
合计					¥2 580.00		¥438.60
价税合计（大写）	叁仟零壹拾捌元陆角				（小写）¥3 018.60		
销售方	名　称：同学文教商店 纳税人识别号：834566354520025 地址、电话：北京市建国路 13 号（54983214） 开户行及账号：工行北京建国路分理处 757-723-247				备注			

收款人：李兰　　　复核：王英　　　开票人：李想　　　销售方：（章）

第二联：抵扣联　购买方扣税凭证

表 3-4-24-2

北京增值税专用发票

No 56784238

发票联

开票日期：2017 年 12 月 10 日

购买方	名　称：黄河电机厂 纳税人识别号：212345678123358 地址、电话：北京市长安路（85471293） 开户行及账号：工行北京长安路分理处 210-012-345				密码区	略		
货物或应税劳务、服务名称	规格型号	单位	数量	单价	金额	税率	税额
复印纸			100	25.80	2 580.00	17%	438.60
合计					¥2 580.00		¥438.60
价税合计（大写）	叁仟零壹拾捌元陆角				（小写）¥3 018.60		
销售方	名　称：同学文教商店 纳税人识别号：834566354520025 地址、电话：北京市建国路 13 号（54983214） 开户行及账号：工行北京建国路分理处 757-723-247				备注			

收款人：李兰　　　复核：王英　　　开票人：李想　　　销售方：（章）

第三联：发票联　购买方记账凭证

表 3-4-24-3

办公用品分配表

2017 年 12 月 10 日   单位：元

部门	办公用品领用
生产车间	2 718.60
行政管理部门	300.00
合计	3 018.60

财务主管：李明   审核：张寒   制单：陈娟

表 3-4-25-1

中国工商银行进账单（回单） 1

2017 年 12 月 10 日   第 0056988 号

付款人	全称	万达公司	收款人	全称	黄河电机厂
	账号	215-634-850		账号	210-012-345
	开户银行	北京市苏州路分理处		开户银行	北京市长安路分理处

金额	人民币 （大写）	壹佰万元整	亿	千	百	十	万	千	百	十	元	角	分
				¥	1	0	0	0	0	0	0	0	0

票据种类	转账支票		开户银行签章

工行长安路
分理处
2017.12.10
转讫

此联是开户银行交给收款人的回单

表 3-4-25-2

收 据

2017 年 12 月 10 日

收款金额	壹佰万元整	¥ 1 000 000.00
收款事由	接受万达公司投入资金	
领导批示	财务负责人	收款人
王山	李明	陈娟

表 3-4-26-1

中华人民共和国

税收专用缴款书

国

注册类型：**有限责任公司**   填发日期：*2017* 年 *12* 月 *10* 日   征收机关：**北京市朝阳区国税分局**

缴款单位（人）	代　码	212345678123358	预算科目	编　码	
	全　称	黄河电机厂		名　称	
	开户银行	工行北京长安路分理处		级　次	
	账　号	210-012-345	收款国库	北京市中心支库	

税款所属时期 *2017* 年 *11* 月 *01* 日至 *2017* 年 *11* 月 *30* 日   税款限缴日期 *2017* 年 *12* 月 *10* 日

品目名称	课税数量	计税金额或销售收入	税率或单位税额	已缴或扣除额	实缴金额 千	百	十	万	千	百	十	元	角	分
增值税			17%					3	4	0	0	0	0	0
城市维护建设税			7%						2	3	8	0	0	0
教育费附加			3%						1	0	2	0	0	0

金额合计 人民币（大写）叁仟柒佰肆拾元整   ¥ 3 7 4 0 0 0

缴款单位（人）（盖章）   经办人（章）   税务机关（盖章）   填票人（章）

上列款项已收妥并划转收款单位账户   国库（银行）盖章   年 月 日

备注

逾期不缴按税法规定加收滞纳金

表 3-4-26-2

中华人民共和国

税收专用缴款书

国

注册类型：**有限责任公司**   填发日期：*2017* 年 *12* 月 *10* 日   征收机关：**北京市朝阳区国税分局**

缴款单位（人）	代　码	212345678123358	预算科目	编　码	
	全　称	黄河电机厂		名　称	
	开户银行	工行北京长安路分理处		级　次	中央60% 地方40%
	账　号	210-012-345	收款国库	北京市中心支库	

税款所属时期 *2017* 年 *11* 月 *01* 日至 *2017* 年 *11* 月 *30* 日   税款限缴日期 *2017* 年 *12* 月 *10* 日

品目名称	课税数量	计税金额或销售收入	税率或单位税额	已缴或扣除额	实缴金额 千	百	十	万	千	百	十	元	角	分
所得税			25%					1	5	7	0	0	0	0

金额合计 人民币（大写）壹万伍仟柒佰元整   ¥ 1 5 7 0 0 0 0

缴款单位（人）（盖章）   经办人（章）   税务机关（盖章）   填票人（章）

上列款项已收妥并划转收款单位账户   国库（银行）盖章   年 月 日

备注

逾期不缴按税法规定加收滞纳金

第一联（收据）国库（银行）收款盖章后退缴款单位（人）作完税凭证

表 3-4-27

经营租赁固定资产租金预提表

2017 年 12 月 11 日

固定资产名称	办公设备	
月租金	人民币：壹万元整	￥10 000.00
付款方式	按季支付（2018 年 3 月 11 日付清）	

表 3-4-28-1

北京增值税专用发票　　　№ 22008769

抵扣联

开票日期：2017 年 12 月 15 日

购买方	名　　　称：黄河电机厂 纳税人识别号：212345678123358 地址、电话：北京市长安路 28 号（85471293） 开户行及账号：工行北京长安路分理处 210-012-345	密码区	略

货物或应税劳务、服务名称	规格型号	单位	数量	单价	金额	税率	税额
乙材料		千克	28 000	10.00	280 000.00	17%	47 600.00
丙材料		件	1 500	210.00	315 000.00	17%	53 550.00
合计					￥595 000.00		￥101 150.00

价税合计（大写）	陆拾玖万陆仟壹佰伍拾元整	（小写）￥696 150.00

销售方	名　　　称：美的公司 纳税人识别号：245095754386003 地址、电话：北京市青海路 94 号（87519634） 开户行及账号：工行北京青海路分理处 465-432-241	备注	美的公司 245095754386003 发票专用章

收款人：安广森　　　复核：杨丽　　　开票人：范恩　　　销售方：（章）

第二联：抵扣联　购买方扣税凭证

表 3-4-28-2

北京增值税专用发票

发票联

No 22008769

开票日期：2017 年 12 月 15 日

购买方	名　称：黄河电机厂　纳税人识别号：212345678123358　地址、电话：北京市长安路 28 号（85471293）　开户行及账号：工行北京长安路分理处 210-012-345	密码区	略

货物或应税劳务、服务名称	规格型号	单位	数量	单价	金额	税率	税额
乙材料		千克	28 000	10.00	280 000.00	17%	47 600.00
丙材料		件	1 500	210.00	315 000.00	17%	53 550.00
合　计					￥595 000.00		￥101 150.00

价税合计（大写）	陆拾玖万陆仟壹佰伍拾元整	（小写）￥696 150.00

销售方	名　称：美的公司　纳税人识别号：245095754386003　地址、电话：北京市青海路 94 号（87519634）　开户行及账号：工行北京青海路分理处 465-432-241	备注	245095754386003 发票专用章

收款人：安广森　　　复核：杨丽　　　开票人：范恩　　　销售方：（章）

第三联：发票联　购买方记账凭证

表 3-4-28-3

材料验收入库单

供应单位：美的公司　　　　　2017 年 12 月 15 日

材料类别	材料名称	单位	数量	实收数量	单价	金额
102	乙材料	千克	28 000	28 000		
103	丙材料	件	1 500	1 500		
合　计						

第二联：记账联

仓库主管：张萍　　材料会计：李秋文　　收料员：艾霞　　经办人：苗黎　　制单：崔颖

备注：此表需要学生填列。

表 3-4-28-4

银行承兑汇票　　2

出票日期　　贰零壹柒年壹拾贰月壹拾伍日　　　　　　　　第 5356 号

付款人	全　称	黄河电机厂		收款人	全　称	美的公司	
	账号或住址	210-012-345			账号或住址	465-432-241	
	汇出地点	北京市县	汇出行名称　北京市工商银行		汇入地点	北京市县	汇入行名称　北京市工商银行

出票金额	人民币（大写）　陆拾玖万陆仟壹佰伍拾元整	亿 千 百 十 万 千 百 十 元 角 分 ￥ 6 9 6 1 5 0 0 0 0

汇票到期日　2018 年 3 月 15 日	交易合同号码　　2568
本汇票已经承兑，到期无条件支付票款　承兑人签章　　承兑日期 2018 年 3 月 15 日	本汇票请予以承兑于到期日付款　　　　出票人签章

2017.12.15

表 3-4-29-1

北京增值税专用发票

抵扣联

№ 56784275

开票日期：2017 年 12 月 15 日

购买方	名　称：黄河电机厂　纳税人识别号：212345678123358　地址、电话：北京市长安路 28 号（85471293）　开户行及账号：工行北京长安路分理处 210-012-345	密码区	略

货物或应税劳务、服务名称	规格型号	单位	数量	单价	金额	税率	税额
办公用品					1 000.00	17%	170.00
合计					￥1 000.00		￥170.00

价税合计（大写）　　壹仟壹佰柒拾元整	（小写）￥1 170.00

销售方	名　称：同学文教商店　纳税人识别号：834566354520025　地址、电话：北京市建国路 13 号（54983214）　开户行及账号：工行北京建国路分理处 757-723-247	备注	834566354520025　发票专用章

收款人：李兰　　　　复核：王英　　　　开票人：李想　　　　销售方：（章）

表 3-4-29-2

发票联

开票日期：2017 年 12 月 15 日

购买方	名　称：黄河电机厂					密码区		略	
	纳税人识别号：212345678123358								
	地址、电话：北京市长安路 28 号（85471293）								
	开户行及账号：工行北京长安路分理处 210-012-345								

货物或应税劳务、服务名称	规格型号	单位	数量	单价	金额	税率	税额
办公用品					1 000.00	17%	170.00
合计					￥1 000.00		￥170.00

价税合计（大写）	壹仟壹佰柒拾元整	（小写）￥1 170.00

销售方	名　称：同学文教商店	备注
	纳税人识别号：834566354520025	
	地址、电话：北京市建国路 13 号（54983214）	
	开户行及账号：工行北京建国路分理处 757-723-247	

（销售方发票专用章 834566354520025 同学文教商店）

收款人：李兰　　　复核：王英　　　开票人：李想　　　销售方：（章）

表 3-4-30-1

中国工商银行进账单（回单）　*1*

2017 年 12 月 15 日　　　第 0056985 号

付款人	全　称	北京龙达公司	收款人	全　称	黄河电机厂										
	账　号	452-557-884		账　号	210-012-345										
	开户银行	北京市青铜路分理处		开户银行	北京市长安路分理处										

金额	人民币（大写）肆拾玖万壹仟肆佰元整	亿	千	百	十	万	千	百	十	元	角	分
			￥	4	9	1	4	0	0	0	0

票据种类	银行汇票	工行长安路分理处 2017.12.15 转讫
票据张数	1	
	复核　　　记账	开户银行签章

此联是开户银行交给收款人的回单

表 3-4-30-2

北京增值税专用发票

No 46878786

记账联

开票日期：2017 年 12 月 15 日

购买方	名　称：北京龙达公司 纳税人识别号：632589541265836 地址、电话：北京市青铜路 25 号（83698854） 开户行及账号：工行北京青铜路分理处 452-557-884						密码区	略

货物或应税劳务、服务名称	规格型号	单位	数量	单价	金额	税率	税额
乙产品		件	120	3 500.00	420 000.00	17%	71 400.00
合计					¥420 000.00	17%	¥71 400.00

价税合计（大写）	肆拾玖万壹仟肆佰元整	（小写）　¥491 400.00

销售方	名　称：黄河电机厂 纳税人识别号：212345678123358 地址、电话：北京市长安路 28 号（85471293） 开户行及账号：工行北京长安路分理处 210-012-345	备注

收款人：李凯　　　复核：王彬　　　开票人：谢峰　　　销售方：（章）

第一联：记账联　销售方记账凭证

表 3-4-31

中国工商银行电汇凭证（回单）　①

委托日期　2017 年 12 月 16 日　　　　　第 008321 号

汇款人	全　称	黄河电机厂			收款人	全　称	工行北京市支行	
	账号或住址	210-012-345				账号或住址	875-894-542	
	汇出地点	北京市	市县	汇出行名称 长安路分理处		汇入地点	北京市 市县	汇入行名称 长安路分理处

金额	人民币（大写）陆万壹仟贰佰元整	亿	千	百	十	万	千	百	十	元	角	分
						¥	6	1	2	0	0	0	0

汇款用途：还短期借款 6 万元，利息 0.12 万元	汇出行盖章
单位主管　会计　复核　记账	中国工商银行 北京市支行 2017.12.16 2017 年 12 月 16 日 收讫

第一联：此联是汇出行交给汇款人的回单

表 3-4-32-1

北京增值税专用发票

抵扣联

№ 42755678

开票日期：2017 年 12 月 17 日

购买方	名　　　称：黄河电机厂								
	纳税人识别号：212345678123358						密码区	略	
	地　址、电话：北京市长安路 28 号（85471293）								
	开户行及账号：工行北京长安路分理处 210-012-345								

货物或应税劳务、服务名称	规格型号	单位	数量	单价	金额	税率	税额
车间办公用品					1 600.00	17%	272.00
合计					￥1 600.00		￥272.00

价税合计（大写）	壹仟捌佰柒拾贰元整	（小写）￥1 872.00

销售方	名　　　称：宏达文教中心	备注
	纳税人识别号：545200258345663	
	地　址、电话：北京市建国路 20 号（54988266）	
	开户行及账号：工行北京建国路分理处 757-247-723	

收款人：王希　　　复核：蔡沫　　　开票人：李鲲　　　销售方：（章）

表 3-4-32-2

北京增值税专用发票

发票联

№ 42755678

开票日期：2017 年 12 月 17 日

购买方	名　　　称：黄河电机厂								
	纳税人识别号：212345678123358						密码区	略	
	地　址、电话：北京市长安路 28 号（85471293）								
	开户行及账号：工行北京长安路分理处 210-012-345								

货物或应税劳务、服务名称	规格型号	单位	数量	单价	金额	税率	税额
车间办公用品					1 600.00	17%	272.00
合计					￥1 600.00		￥272.00

价税合计（大写）	壹仟捌佰柒拾贰元整	（小写）￥1 872.00

销售方	名　　　称：宏达文教中心	备注
	纳税人识别号：545200258345663	
	地　址、电话：北京市建国路 20 号（54988266）	
	开户行及账号：工行北京建国路分理处 757-247-723	

收款人：王希　　　复核：蔡沫　　　开票人：李鲲　　　销售方：（章）

表 3-4-32-3

中国工商银行（京）
转账支票存根
№00660509

附加信息：	
出票日期：*2017* 年 *12* 月 *17* 日	
收 款 人：*宏达文教中心*	
金　　额：*¥1 872.00*	
用　　途：*车间办公用品费*	
单位主管：　　　　会计：	

表 3-4-33-1

北京增值税专用发票　　№ 46878787

记账联

开票日期：2017 年 12 月 18 日

购买方	名　　　称：北京恒祥公司 纳税人识别号：752146328954128 地 址 、电 话：北京市清香路366号（87623541） 开户行及账号：工行北京清香路分理处452-557-814					密码区		略	
货物或应税劳务、服务名称	规格型号	单位	数量	单价	金额		税率	税额	
甲产品		件	500	300.00	150 000.00		17%	25 500.00	
乙产品		台	80	3 500.00	280 000.00		17%	47 600.00	
合计					¥430 000.00			¥73 100.00	
价税合计（大写）	伍拾万叁仟壹佰元整					（小写）　¥503 100.00			
销售方	名　　　称：黄河电机厂 纳税人识别号：212345678123358 地 址 、电 话：北京市长安路28号（85471293） 开户行及账号：工行北京长安路分理处210-012-345					备注			

第一联：记账联　销售方记账凭证

收款人：李凯　　　复核：王彬　　　开票人：谢峰　　　销售方：（章）

183

表 3-4-33-2

商业承兑汇票　2

出票日期　贰零壹柒年壹拾贰月壹拾捌日　　　　　　　　　第 5356 号

付款人	全　　称	北京恒祥公司			收款人	全　　称	黄河电机厂		
	账　号或住址	452-557-814				账　号或住址	210-012-345		
	汇出地点	北京　市县	汇出行名称	清香路分理处		汇入地点	北京　市县	汇入行名称	长安路分理处

出票金额	人民币（大写）伍拾万叁仟壹佰元整	亿	千	百	十	万	千	百	十	元	角	分
			¥	5	0	3	1	0	0	0	0	0

汇票到期日　**2018 年 3 月 18 日**	交易合同号码　2568
本汇票已经承兑，到期无条件支付票款　　　承兑人签章　7521463289541 28　承兑日期 **2018** 年 **3** 月 **18** 日	本汇票请予以承兑于到期日付款　　汇票专用章　出票人签章 12.18

表 3-4-34

材料出库单

领料单位：**一车间**

用　　途：**加工甲产品**　　　　　**2017** 年 **12** 月 **20** 日

材料类别	材料名称	单位	数　　量		单价	金额	备注
			请领	实领			
主要材料	甲材料	千克	4 000	4 000	20		
主要材料	乙材料	千克	22 000	22 000	10		
合　　计							

仓库主管：**丁亮**　　材料会计：**紫艾**　　领料员：**周菲**　　经办人：**刘杰**　　制单：**孙勇**

备注：此表需要学生填列。

表 3-4-35

材料出库单

领料单位：**一车间**

用　　途：**加工乙产品**　　　　　2017 年 12 月 20 日

材料类别	材料名称	单位	数量		单价	金额	备注
			请领	实领			
主要材料	甲材料	千克	800	800	20		
主要材料	丙材料	件	600	600	210		
合　计							

仓库主管：**丁亮**　　　材料会计：**柴艾**　　　领料员：**周菲**　　　经办人：**刘杰**　　　制单：**孙勇**

备注：此表需要学生填列。

表 3-4-36-1

北京增值税专用发票　　　№ 79653423

开票日期：2017 年 12 月 20 日

购买方	名　称：黄河电机厂 纳税人识别号：212345678123358 地　址、电话：北京市长安路28号（85471293） 开户行及账号：工行北京长安路分理处 210-012-345	密码区	略

货物或应税劳务、服务名称	规格型号	单位	数量	单价	金额	税率	税额
水费		吨	10 000	0.70	7 000.00	11%	770.00
合计					￥7 000.00		￥770.00

价税合计（大写）	柒仟柒佰柒拾元整	（小写）￥7 770.00

销售方	名　称：北京市供水公司 纳税人识别号：635366354520025 地　址、电话：北京市汇文路112号（55343456） 开户行及账号：工行北京汇文路分理处 647-589-325	备注	635366354520025

收款人：王丽丽　　　复核：张松　　　开票人：李红　　　销售方：（章）

表 3-4-36-2

北京增值税专用发票

№ 79653423

开票日期：2017 年 12 月 20 日

购买方	名　　称：黄河电机厂 纳税人识别号：212345678123358 地址 、电话：北京市长安路 28 号（85471293） 开户行及账号：工行北京长安路分理处 210-012-345	密码区	略

货物或应税劳务、服务名称	规格型号	单位	数量	单价	金额	税率	税额
水费		吨	10 000	0.7	7 000.00	11%	770.00
合计					￥7 000.00		￥770.00

价税合计（大写）	柒仟柒佰柒拾元整	（小写）￥7 770.00

销售方	名　　称：北京市供水公司 纳税人识别号：635366354520025 地址 、电话：北京市汇文路 112 号（55343456） 开户行及账号：工行北京汇文路分理处 647-589-325	备注	北京市供电公司 635366354520025

收款人：王丽丽　　　复核：张松　　　开票人：李红　　　销售方：（章）发票专用章

第三联：发票联 购买方记账凭证

表 3-4-36-3

中国工商银行（京）
转账支票存根

№ 00660510

附加信息：	
出票日期：2017 年 12 月 20 日	
收 款 人：北京市供水公司	
金 额：￥7 770.00	
用 途：车间水费	
单位主管：	会计：

表 3-4-37-1

北京增值税专用发票

No 72344238

抵扣联

开票日期：2017 年 12 月 22 日

购买方	名　　称：黄河电机厂 纳税人识别号：212345678123358 地址、电话：北京市长安路 28 号（85471293） 开户行及账号：工行北京长安路分理处 210-012-345	密码区	略

货物或应税劳务、服务名称	规格型号	单位度	数量	单价	金额	税率	税额
电费			10 000	0.60	6 000.00	17%	1 020.00
合计					¥6 000.00		¥1 020.00

价税合计（大写）	柒仟零贰拾元整	（小写）¥7 020.00

销售方	名　　称：北京市供电公司 纳税人识别号：354366520635536 地址、电话：北京市清华路 116 号（55343478） 开户行及账号：工行北京清华路分理处 647-569-458	备注	北京市供电公司 354366520635536 发票专用章

收款人：王小　　　　复核：张一　　　　开票人：李华　　　　销售方：（章）

第二联：抵扣联　购买方扣税凭证

表 3-4-37-2

北京增值税专用发票

No 72344238

发票联

开票日期：2017 年 12 月 22 日

购买方	名　　称：黄河电机厂 纳税人识别号：212345678123358 地址、电话：北京市长安路 28 号（85471293） 开户行及账号：工行北京长安路分理处 210-012-345	密码区	略

货物或应税劳务、服务名称	规格型号	单位度	数量	单价	金额	税率	税额
电费			10 000	0.6	6 000.00	17%	1 020.00
合计					¥6 000.00		¥1 020.00

价税合计（大写）	柒仟零贰拾元整	（小写）¥7 020.00

销售方	名　　称：北京市供电公司 纳税人识别号：354366520635536 地址、电话：北京市清华路 116 号（55343478） 开户行及账号：工行北京清华路分理处 647-569-458	备注	北京市供电公司 354366520635536 发票专用章

收款人：王小　　　　复核：张一　　　　开票人：李华　　　　销售方：（章）

第三联：发票联　购买方记账凭证

表 3-4-37-3

中国工商银行（京）

转账支票存根

№00660511

附加信息：

出票日期：**2017** 年 **12** 月 **22** 日

收 款 人：**北京市供电公司**

金　　额：**￥7 020.00**

用　　途：**车间电费**

单位主管：　　　　　会计：

表 3-4-38

北京增值税专用发票

№ 23452345

发票联

开票日期：2017 年 12 月 25 日

购买方	名　　称：黄河电机厂 纳税人识别号：212345678123358 地址、电话：北京市长安路 28 号（85471293） 开户行及账号：工行北京长安路分理处 210-012-345				密码区		略	
货物或应税劳务、服务名称	规格型号	单位	数量	单价	金额	税率	税额
餐费					1 415.10	6%	84.90
合计					￥1 415.10		￥84.90
价税合计（大写）		壹仟伍佰元整				（小写）￥1 500.00	
销售方	名　　称：香顺海鲜美食广场 纳税人识别号：230105177743347 地址、电话：北京市中山北路 23 号（55607197） 开户行及账号：工行北京中山北路支行 667-223-456				备注			

收款人：卢晓　　复核：张妍希　　开票人：李羽　　销售方：（章）

香顺海鲜美食广场
230105177743347
发票专用章

第三联：发票联　购买方记账凭证

表 3-4-39

材料出库单

领料单位：一车间
用　途：加工甲产品　　　　　　2017 年 12 月 25 日

材料类别	材料名称	单位	数量		单价	金额	备注
			请领	实领			
主要材料	甲材料	千克	2 000	2 000			
主要材料	乙材料	千克	20 000	20 000			
	合　计						

第二联：记账联

仓库主管：丁亮　　材料会计：柴艾　　　领料员：周菲　　　经办人：刘志　　制单：孙勇
备注：此表需要学生填列。

表 3-4-40

材料出库单

领料单位：一车间
用　途：加工乙产品　　　　　　2017 年 12 月 25 日

材料类别	材料名称	单位	数量		单价	金额	备注
			请领	实领			
主要材料	甲材料	千克	2 000	2 000			
主要材料	丙材料	件	800	800			
	合　计						

第二联：记账联

仓库主管：丁亮　　　材料会计：柴艾　　　领料员：周菲　　　经办人：刘志　　　制单：孙勇
备注：此表需要学生填列。

表 3-4-41

材料出库单

领料单位：一车间
用　途：加工乙产品　　　　　　2017 年 12 月 25 日

材料类别	材料名称	单位	数量		单价	金额	备注
			请领	实领			
主要材料	包装物	件	100	100			
	合　计						

第二联：记账联

仓库主管：丁亮　　　材料会计：柴艾　　　领料员：周菲　　　经办人：刘志　　　制单：孙勇
备注：此表需要学生填列。

表 3-4-42

存货盘存报告单

单位名称：黄河电机厂　2017 年 12 月 30 日

类别及名称	计量单位	单价	实存		账存		差异				备注
			数量	金额	数量	金额	盘盈		盘亏		
							数量	金额	数量	金额	
甲材料	千克						22				
合计							22				

备注：此表需要学生填列。

表 3-4-43

存货盘存报告单

单位名称：黄河电机厂　2017 年 12 月 30 日

类别及名称	计量单位	单价	实存		账存		差异				备注
			数量	金额	数量	金额	盘盈		盘亏		
							数量	金额	数量	金额	
乙产品	台								1		
合计									1		

表 3-4-44

存货盘盈转销单

编制单位：黄河电机厂　2017 年 12 月 30 日

类别及名称	数量	金额	转销科目
甲材料	22		管理费用
处理意见：批准转销		领导批示：同意	

备注：此表需要学生填列。

190

表 3-4-45

存货盘亏转销单

2017 年 12 月 30 日

编制单位：黄河电机厂

类别及名称	数量	金额	转销科目
乙产品	1		管理费用
处理意见：批准转销			领导批示：同意

备注：此表需要学生填列。

表 3-4-46-1

中国工商银行进账单（回单）　1

2017 年 12 月 30 日　　　　　　　　第 0056988 号

付款人	全　　称	北京市和顺公司	收款人	全　　称	黄河电机厂											
	账　　号	654-210-965		账　　号	210-012-345											
	开户银行	北京市黄海路分理处		开户银行	北京市长安路分理处											
金额	人民币（大写）叁拾伍万壹仟元整				亿	千	百	十	万	千	百	十	元	角	分
							¥	3	5	1	0	0	0	0	0
票据种类	转账支票				开户银行签章										

工行长安路分理处
2017.12.30
转讫

此联是开户银行交给收款人的回单

表 3-4-46-2

收　　据

2017 年 12 月 30 日

今　　收　　到：北京市和顺公司

人民币（大写）：叁拾伍万壹仟元整　　　　　　　　　　　　¥351 000.00

收款事由：收欠款

收款单位：黄河电机厂　　　　　　　　　　　　　　　收款人：谢峰

表 3-4-47-1

中国工商银行（京）
转账支票存根
№00660512

附加信息：

出票日期：*2017* 年 *12* 月 *30* 日	
收 款 人：*D 公司*	
金　　额：*¥21 000.00*	
用　　途：*还欠款*	
单位主管：　　　会计：	

表 3-4-47-2

收　据
2017 年 *12* 月 *30* 日

今　　收　　到：*黄河电机厂*

人民币（大写）：*贰万壹仟元整*　　　　　　　　　　　*¥21 000.00*

收　款　事　由：*收欠款*

收　款　单　位：*D 公司*　　　　　　　　　　　　收款人：*刘莹*

表 3-4-48

职工困难补助申请表
2017 年 *12* 月 *30* 日

编制单位：*黄河电机厂*

申请人姓名	*张红*	所在部门	*厂部*
申请理由	*生活困难*	平均生活费	*¥1 000.00*
申请金额	*壹仟元整*		*¥1 000.00*
工会小组意见	*同意*	领款人签字	*张红*

表 3-4-49

无形资产摊销单

编制单位：黄河电机厂　　　　　　*2017 年 12 月 31 日*

项目	金额	
无形资产摊销	*2 625.00*	
合计	人民币贰仟陆佰贰拾伍元整	￥2 625.00

表 3-4-50

计提短期借款利息清单

编制单位：黄河电机厂　　　　　　*2017 年 12 月 31 日*

项目	金额	
借款利息	*500.00*	
合计	人民币伍佰元整	￥500.00

表 3-4-51

计提长期借款利息清单

编制单位：黄河电机厂　　　　　　*2017 年 12 月 31 日*

项目	金额	
借款利息	*2 100.00*	
合计	人民币贰仟壹佰元整	￥2 100.00

表 3-4-52

工资结算表

编制单位：黄河电机厂　　　　　　　　2017 年 12 月 31 日　　　　　　　　　　单位：元

人员	应付工资			实发工资
	基本工资	津贴	合计	
甲产品生产工人	10 000	7 700	17 700	17 700
乙产品生产工人	15 000	5 300	20 300	20 300
车间管理人员	3 000	2 500	5 500	5 500
行政管理人员	3 000	2 700	5 700	5 700
合计	31 000	18 200	49 200	49 200
	人民币肆万玖仟贰佰元整			￥49 200.00

财务主管：徐颖　　　　　　　　审核：张寒　　　　　　　　制单：谢峰

表 3-4-53

固定资产折旧计提汇总表

编制单位：黄河电机厂　　　　　　　　2017 年 12 月 31 日　　　　　　　　金额单位：元

项目	资产原值	月折旧率	计提金额
生产车间机器设备	5 000 000	0.2%	10 000
其他车间厂房	4 000 000	0.3%	12 000
办公用房	2 500 000	0.2%	5 000
办公设备	1 000 000	0.2%	2 000
合计	12 500 000		29 000
	人民币贰万玖仟元整	￥29 000.00	

表 3-4-54

制造费用分配表

编制单位：黄河电机厂　　　　　　　　2017 年 12 月 31 日　　　　　　　　金额单位：元

项目	制造费用总额	分配比例	分配金额
甲产品			
乙产品			
合计			

备注：此表需要学生按生产工人工资比例分配制造费用。

194

表 3-4-55

产成品入库单

编制单位：黄河电机厂　　　　　　　　　　2017 年 12 月 31 日

产品类别	产品名称	单位	数量	实收数量	单价	金额
201	甲产品	件	4 000	3 250		
202	乙产品	台	400	400		
合计						

仓库主管：丁亮　　　　会计：霍宇强　　　　收料员：王秋　　　　经办人：潘宇　　　　制单：孙勇

备注：此表需要学生填列。

第二联：记账联

表 3-4-56

计提税费汇总表

编制单位：黄河电机厂　　　　　　　2017 年 12 月 31 日　　　　　　　　金额单位：元

项目	应交增值税	计提比例	计提金额
城建税		7%	
教育费附加		3%	
合计			

备注：此表需要学生填列。

表 3-4-57

销售成本结算清单

编制单位：黄河电机厂　　　　　　　2017 年 12 月 31 日　　　　　　　　金额单位：元

产品名称	数量	单价	金额
甲产品	件		
乙产品	台		
合计			

备注：此表需要学生填列。

表 3-4-58

固定资产盘亏报告单

编制单位：黄河电机厂　　　　　2017 年 12 月 31 日

固定资产名称	B 型生产设备	
固定资产原值	人民币（大写）壹万元整	
累计折旧	人民币（大写）柒仟元整	
清查结果：盘亏	领导批示：	

表 3-4-59

固定资产盘亏处理报告单

编制单位：黄河电机厂　　　　　2017 年 12 月 31 日

固定资产名称	B 型生产设备	
固定资产原值	人民币（大写）壹万元整	
累计折旧	人民币（大写）柒仟元整	
处理意见：批准转销	领导批示：同意　转作营业外支出	

表 3-4-60-1

中国工商银行进账单（回单）　　*1*

2017 年 12 月 30 日　　　　　　　　第 0056988 号

付款人	全　称	B 公司	收款人	全　称	黄河电机厂										此联是开户银行交给收款人的回单
	账　号	452-557-364		账　号	210-012-345										
	开户银行	北京市香溪路分理处		开户银行	北京市长安路分理处										
金额	人民币（大写）贰万伍仟元整				亿	千	百	十	万	千	百	十	元	角	分
								¥2	5	0	0	0	0	0	0
票据种类	转账支票			开户银行签章	工行长安路分理处 2017.12.30 转讫										

196

表 3-4-60-2

收　　据

2017 年 12 月 30 日

今　　收　　到：B 公司

人民币（大写）：**贰万伍仟元整**　　　　　　　　　　　　　　¥ 25 000.00

收　款　事　由：**收欠款**

收　款　单　位：**黄河电机厂**　　　　　　　　　收款人：谢峰

表 3-4-61

固定资产减值计提表

编制单位：**黄河电机厂**　　　　　*2017 年 12 月 31 日*　　　　　单位：元

项目	账面价值	市价	计提金额
车间机器设备	30 000	28 000	2 000
合计			

表 3-4-62

无形资产减值计提表

编制单位：**黄河电机厂**　　　　　*2017 年 12 月 31 日*　　　　　单位：元

项目	账面价值	市价	计提金额
专利技术	315 000	313 000	2 000
合计			

表 3-4-63

应付账款转销单

编制单位：**黄河电机厂**　　　　　*2017 年 12 月 31 日*

应付单位名称	应付账款金额	转销原因	转销科目
E 公司	3 000	单位撤销	营业外收入
合计：人民币叁仟元整		¥ 3 000.00	
处理意见：批准转销			领导批示：同意

表 3-4-64

坏账准备计算单

编制单位：黄河电机厂　　　　　　　　2017 年 12 月 31 日　　　　　　　金额单位：元

项目	应收账款余额	计提比例	计提金额
应收账款		3%	
合计			

备注：此表需要学生填列。

表 3-4-65

损益类科目余额表

编制单位：黄河电机厂　　　　　　　　2017 年 12 月 31 日　　　　　　　单位：元

科目名称	借方余额	贷方余额
主营业务收入		
其他业务收入		
营业外收入		
投资收益		
公允价值变动损益		
主营业务成本		
其他业务成本		
税金及附加		
资产减值损失		
销售费用		
财务费用		
管理费用		
营业外支出		
所得税费用		
合计		

备注：此表需要学生填列。

表 3-4-66

所得税计算清单

编制单位：黄河电机厂　　　　　　　　2017 年 12 月 31 日　　　　　　　　金额单位：元

项目	应纳税所得额	税率	纳税金额
所得税费用		25%	
合计			

备注：此表需要学生填列。

表 3-4-67

结转所得税清单

编制单位：黄河电机厂　　　　　　　　2017 年 12 月 31 日　　　　　　　　金额单位：元

项目	借方发生额	贷方发生额
所得税费用		
合计		

备注：此表需要学生填列。

表 3-4-68

本年利润清算单

编制单位：黄河电机厂　　　　　　　　2017 年 12 月 31 日　　　　　　　　单位：元

项目	借方	贷方
本年利润		
合计		

备注：此表需要学生填列。

表 3-4-69

计提法定盈余公积清单

编制单位：黄河电机厂　　　　　　　　2017 年 12 月 31 日　　　　　　　　金额单位：元

项目	税后利润	计提比例	计提金额
法定盈余公积		10%	
合计			

备注：此表需要学生填列。

表 3-4-70

计提应付利润清单

编制单位：黄河电机厂　　　　　　2017 年 12 月 31 日　　　　　　金额单位：元

项目	税后利润	计提比例	计提金额
应付利润		20%	
合计			

备注：此表需要学生填列。

表 3-4-71

利润分配明细项目清算单

编制单位：黄河电机厂　　　　　　2017 年 12 月 31 日　　　　　　单位：元

项目	借方	贷方	备注
法定盈余公积			
应付利润			本年利润清算
合计			

备注：此表需要学生填列。

四、实训用纸

本实训需要准备以下资料：通用记账凭证（76）、科目汇总表（1）、总账（49）、明细账（28）、材料明细账（6）、库存现金日记账（1）、银行存款日记账（1）。

通 用 记 账 凭 证

总字第　　号

年　　月　　日　　　　　　字第　　号

摘　要	总账科目	明细科目	借方金额										贷方金额										记账
			千	百	十	万	千	百	十	元	角	分	千	百	十	万	千	百	十	元	角	分	
合　计																							

附单据　　　张

会计主管：　　　　　记账：　　　　　审核：　　　　　出纳：　　　　　制单：

科 目 汇 总 表

年　　月　　日至　　月　　日

编号：		附件共　　　张			
记账凭证	收款	第　号至　　号共　　张			
	付款	第　号至　　号共　　张			
	转账	第　号至　　号共　　张			

会计科目	本期发生额汇总																						会计科目	本期发生额汇总																					
	借　方										贷　方													借　方										贷　方										
	千	百	十	万	千	百	十	元	角	分	千	百	十	万	千	百	十	元	角	分				千	百	十	万	千	百	十	元	角	分	千	百	十	万	千	百	十	元	角	分

财会主管　　　　　记账　　　　　复核　　　　　制表

总　　账

会计科目 ＿＿＿＿＿＿＿

年		凭证册号	摘　要	借　方										贷　方										核对号	借或贷	余　额									
月	日			亿	千	百	十	万	千	百	十	元	角	分	亿	千	百	十	万	千	百	十	元	角	分			亿	千	百	十	万	千	百	十	元	角	分

明细账

会计科目 ＿＿＿＿＿＿＿

年		凭证册号	摘　要	借　方										贷　方										核对号	借或贷	余　额									
月	日			亿	千	百	十	万	千	百	十	元	角	分	亿	千	百	十	万	千	百	十	元	角	分			亿	千	百	十	万	千	百	十	元	角	分

材料明细账

编　号：_____　　　　　　　　　　　　　　　　　　　　　　　总　页：_____
材料名称：_____　规　格：_____　单　位：_____　　　　分　页：_____

年		凭证册号	摘　要	收　入			付　出			结　余		
月	日			数量	单价	金额	数量	单价	金额	数量	单价	金额

库存现金日记账

年		凭证册号	摘　要	借　方											贷　方											核对号	余　额										
月	日			亿	千	百	十	万	千	百	十	元	角	分	亿	千	百	十	万	千	百	十	元	角	分		亿	千	百	十	万	千	百	十	元	角	分

银行存款日记账

年		凭证册号	摘　要	凭证结算		借　方										贷　方										核对号	余　额									
月	日			种类	号数	亿	千	百	十	万	千	百	十	元	角	分	亿	千	百	十	万	千	百	十	元	角	分		亿	千	百	十	万	千	百	十	元	角	分

主要参考文献

［1］陈强，严谨．初级会计实务［M］．大连：东北财经大学出版社，2017.

［2］刘永泽，陈立军．中级财务会计［M］.5 版．大连：东北财经大学出版社，2016.

［3］法律出版社法规中心．中华人民共和国会计法注释本［M］．北京：法律出版社，2008.

［4］中华人民共和国财政部．企业会计准则 2006［M］．北京：经济科学出版社，2006.

［5］中华人民共和国财政部．企业会计准则——应用指南（2006）［M］．北京：中国财政经济出版社，2006.

［6］葛家澍，余绪缨．会计学［M］．北京：高等教育出版社，2002.

［7］樊行健．基础会计［M］．北京：高等教育出版社，2002.